于凤至传

真爱无声

丛茜 / 著

中国华侨出版社
·北京·

图书在版编目（CIP）数据

于凤至传：真爱无声 / 丛茜著 . —北京：
中国华侨出版社，2016. 11（2024. 8 重印）．
ISBN 978-7-5113-6481-4

Ⅰ.①于… Ⅱ.①丛… Ⅲ.①于凤至（1897-1990）- 传记
Ⅳ.① K828.5

中国版本图书馆 CIP 数据核字（2016）第 278579 号

于凤至传：真爱无声

著　　者：	丛　茜
责任编辑：	刘晓燕
经　　销：	新华书店
开　　本：	670 毫米 ×960 毫米　1/16 开　印张：16　字数：218 千字
印　　刷：	河北省三河市天润建兴印务有限公司
版　　次：	2017 年 1 月第 1 版
印　　次：	2024 年 8 月第 2 次印刷
书　　号：	ISBN 978-7-5113-6481-4
定　　价：	49.80 元

中国华侨出版社　北京市朝阳区西坝河东里 77 号楼底商 5 号　邮编：100028
发行部：（010）64443051　　　　　传　真：（010）64439708
网　址：www.oveaschin.com　　　E-mail：oveaschin@sina.com

如果发现印装质量问题影响阅读，请与印刷厂联系调换。

序言

在那个讲究女性贤良淑德的民国时代里，隐忍是一种美德，却也是一把利刃。一刀刀雕刻自己的人生，无奈都是为了别人。有一些人，在这伤痛里觉醒，生出了独立的骨骼和坚强的灵魂。于是，历史的聚光灯，便不应该错过这样一个人。

她叫于凤至，张学良的结发之妻，一个理财高手、民国股神。

出身于大富之家的于凤至自小就像一颗珍珠似的被捧在手心里养大。父亲是商场大亨于文斗，这样的家世与社会影响力让于凤至的起点非一般人所能及。在她的血液里，流淌着商业的基因，只是在那个以夫为纲的社会里，没人看到她这一点，她需要做的是在家从父，出嫁从夫，夫死从子。

那个年代，每个人都很信奉生辰八字。张作霖有意与于文斗结作儿女亲家，当张作霖请来的算命先生说于凤至是凤命时,张作霖决意要让于凤至嫁入张家。于是,于凤至13岁时,在父母的安排下与小她3岁的张学良订下了婚约。

在东北第一帅府的美满婚姻外壳之下,却是小她3岁的张学良横冲直撞的新思想。追慕自由的张学良,反对包办婚姻,却不敢反抗父亲张作霖,他把厌恶投射到了无辜的于凤至身上。

而对于凤至来说的,人们交口称赞的是她的贤良,没人在意她究竟喜欢什么、擅长什么,她连名字都被隐去了,"张夫人"三个字掩盖了凤命的璀璨光华。再多的付出,却只换来张学良与赵四小姐的情深意重,婚姻世界里的三人行,人人只记得"贤良的"张夫人。

世事变化,当张学良都被拘禁,当赵四小姐只能困守于一隅,只有于凤至,用柔弱的肩膀扛起了一切,她小小的脚步甚至走到了大洋彼岸。

寂静的涅槃后,是令人瞠目结舌的故事。1940年春天,于凤至被确诊得了乳腺癌。战胜病魔之后,她重新审视自己的生活,并开始学习英语。

当她第一次走进华尔街股票交易大厅时,血脉里的商业基因开始沸腾。在这个疯狂的地方，于凤至凭着过人的胆识，很快在股市里闯出一片属于自己的天地。

几年之间，她如凤凰凌空，褪去了弱质女流的隐忍外衣，成为了商界里的传奇。股票、房产，在她手掌间翻云覆雨，生出越来越多的财富。她的成就足以引导美国舆论，她的存在让许多政界人士都不得不忌惮。

百转千回之后，于凤至亲笔签下张学良送来的离婚协议书，祝福赵四小姐与张学良白头到老。她的世界，凤凰于飞的故事已经不需传唱，她已经成为传奇。

目录
Contents

第一章
于家·黄金如土，相知如故

003　父辈缔造的商海传奇
008　凤至，虎归
014　一点希冀，一次约定
021　懵懂无知的未来

第二章
时光·命运原来的样子

027　读尽书中万千事
034　大家闺秀，婉约清扬
038　故事的另一端
045　两条注定要交汇的命运

第三章
本真·隐藏着的血脉基因

055　喜乐声声里的纯净眼眸

062　人人称赞的帅府儿媳

070　善良与柔弱

077　他活在那个没有她的世界

第四章
威信·让整个大帅府信服的人

087　时光给出的答案

094　她的好，超越时代

101　赵四小姐其人

109　既来之，则安之

第五章
抉择·三个人的舞步

119　没有选择的默许

126　不能没有于凤至

132　"大姐""小妹"

139　惊闻西安事变

第六章
暗涌·奔波与憔悴

147　千里奔波,学良不良

156　病如山倒,其心不改

165　无可阻拦的坚强

172　"一切都交给我"

第七章
坚韧·孩子的坚强母亲

179　癌症袭来，聆听心声

188　守护张家的血脉

197　看不见的商界搏杀

201　于氏有女，凤至辉煌

第八章
凤命·光芒盛放的时光

207　待看透，已是物是人非

216　时光不晚，岁月歌声

225　自此与君陌路，此心不渝

234　用一生，唱一曲凤凰于飞

241　**后记**

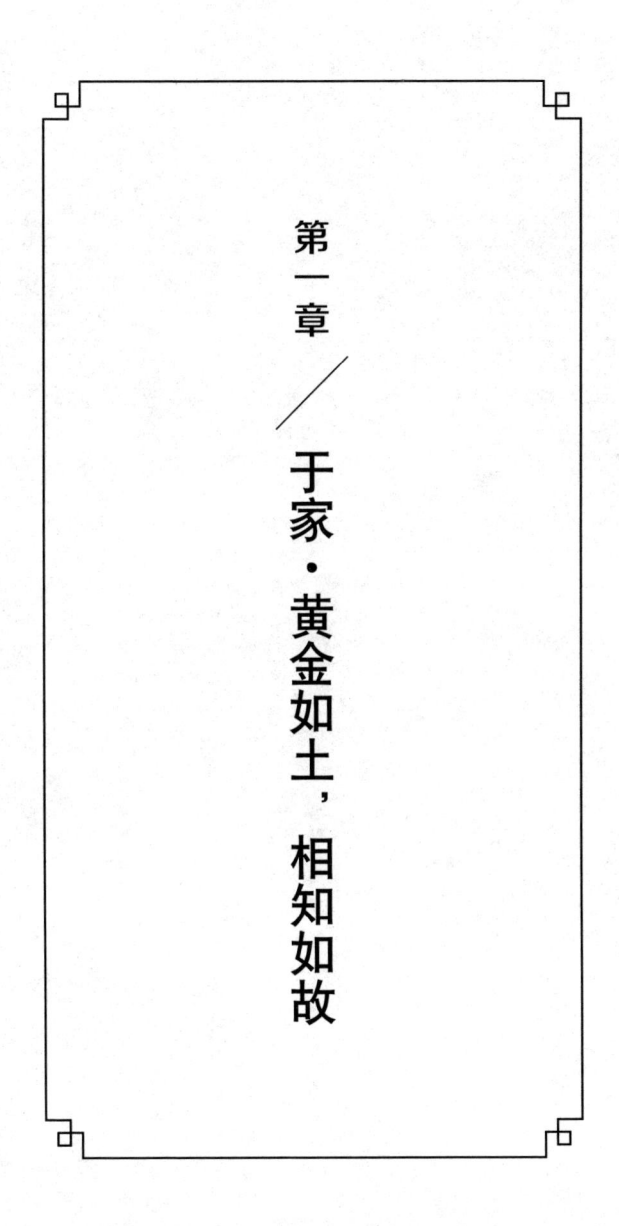

第一章 / 于家·黄金如土，相知如故

父辈缔造的商海传奇

那是一个战火连天、政权交替的时代：李自成建立大顺国，崇祯帝煤山自缢，吴三桂引清兵入关，张献忠于成都称帝，清世祖定都北京……老百姓在历史的洪流里，放弃了"安土重迁"的祖训，踏上了漫漫的迁徙之路。而此中，更是以鲁东人居多。

清世祖顺治元年（1644年），山东省登州府海阳县司马庄上一户姓于的人家奉朝廷之命北上辽东，去开垦土地。

远离家乡，不胜唏嘘，面对着茫茫然无边无际的辽阔荒野，于氏三兄弟——于友、于朋、于宾，心生"渺沧海之一粟，凌万顷之茫然"的感慨。严峻的生存形势容不得他们如江南文人那样咏歌寄兴，三个如高粱般的山东汉子很快调整了心态，为未来的日子开疆拓土。

大哥于友带领着两个弟弟，一边面朝黄土背朝天，一犁一锄地凿开土地，一边四方奔走，打点当地上下官员，为今后的生活开方便之道。

几年后，一切似乎已走上正道，当三兄弟面对着已然成型的庄稼地松了一口气时，老天爷却恶作剧似的降临一场洪灾。

一开始，只是连日的绵绵细雨，所有人都没有把它当一回事，然而随着日子一天天过去，这雨丝毫没有停的意思，反而越下越起劲，整个空气中泛着酸涩的气味，人们的脸也因潮湿的空气而变得得肿胀。突然有一天，暴雨从天而来，这时大家方才醒悟，前日里延绵的小雨只是这场灾难的序曲。

街上的低洼处早已积满了水，早先还趁着兴奋劲在水塘里玩水的孩子都被父母叫到田中，拯救庄稼。但老天爷像铁了心要让梨树县的农民吃点苦头儿，雨势越来越大，整个大地弥漫着蒸腾的水汽，庄稼汉们顶着暴雨，在田埂处望着辛苦耕耘的成果就这样变魔术似的，慢慢瘫软，模糊，然后消失。雨水一边冲刷着他们沟壑纵横的紫棠脸儿，一边在他们耳边肆意地嘲讽着。

老天爷邪性一过，这场旷日持久的洪灾也渐渐退去，然而人间已是一片狼藉。看着连年的心血就这样付诸东流，就连坚强的大哥也不禁两眼泛红，双腿一酸，差点跪倒在地，两个弟弟赶忙扶住他，三个难兄难弟强忍悲伤，互相劝慰。于友用粗粝的手掌揩拭着泪光闪闪的双眼，他点点头，但心中还是难过不已。

本来，庄稼人是见惯天灾的，他们顺从地接受着老天对他们改造自然的惩罚，但这次不同，三人远离亲人，在这陌生的土地上辛勤劳作，但无情的老天就这样将一切打回原形，哪怕坚强的山东大汉，也忍不住要"唤取红巾翠袖，揾英雄泪"了。

经过三兄弟彻夜的讨论，他们终于下定决心收拾家当，离开这个伤心地，去到辽河对岸的怀德县大泉眼村重谋生路。这已是他们第三次迁移了。所幸，消极的情绪并没有持续太久，一到新目的地,三人又重整旗鼓,准备大干一番。

就这样,于氏三兄弟躲过了纷飞的炮火,挨过了开荒的艰辛,避开了无情的涝灾,终于尘埃落定,在那片遥远的土地上落地生根。

于家人愈挫愈勇,不畏困苦的血液就这样代代流传,为其后人在下一个乱世中的崛起奠定了基础。饱尝生存之苦的于家三兄弟可以想到,日后子孙们将在他们肩膀上开拓出一片更广阔的天空,但他们不会想到的是,几百年后,族中将有一只"凤凰"从这方黑土展翼而飞。

树木的年轮增了一圈又一圈,黑土地上的庄稼收了一茬又一茬。于氏族人经过几代生死轮回终于征服了这片陌生的土地,然而历史总是在无情地循环,1843年的国情似乎比两百年前的更为动荡。

这年,吉林省梨树县大榆树村忽地传来一阵婴儿的啼哭声,这个婴儿便是日后的一代商海传奇——于文斗。

此孩儿生来聪慧异常,深得父母欢心。因此他未及加冠之年便由父亲于渼带着下田务习农耕之事,上市精研经商之术。

当于氏家族因辽河洪灾再一次举家由梨树县大榆树村搬迁至怀德县大泉眼村时,于文斗稚嫩的肩膀上挑起了守成扩业的担子,他不负众望,与族中的男人们合力壮大家业,象征着家族地位的府邸拔地而起。

年轻的于文斗不但继承了祖上灵活应变、吃苦耐劳的精神品质,还秉承了聪颖智慧、机警敏锐的天资,一家人对这个才学相济、天分笃厚的年轻人寄予了巨大的希望。

果不其然，成婚后的于文斗越发成熟有担当。其时，上辈已经靠着开垦土地置办下了较为殷实的家业，但他灵敏的嗅觉告诉他，这个时代已然转向：传统中被认为最为可靠的发家致富的方式——置地务农在这个乱世中已非安身立命的首要之选，而一直被人们看不上的经商之举反而更适合那个枭雄为王的时代，尽管其风险并不亚于在悬崖上走钢丝。

胆大心细的于文斗毅然走出了家族的避风港，转至昌图府辽源县（今双辽市郑家屯镇）经商，他凭借着过人的智慧和累积的经验，开了自己的第一个钱庄——"丰聚当"。他深谙东北地广土沃的地理优势和风谲云诡的时代特征，因而还同时经营着粮食、油盐、布料、木材、杂货等几乎囊括了当地人吃穿住行的各行各业。

他似一根细密坚韧的银针，引线穿梭于广阔的商贸天地中。然而雄心勃勃的他怎甘心止步于一个钱庄掌柜？所谓"大丈夫志在四方"，他大幅度放权，将实际产业的经营交由信任的家人和属下管理，自己则投身于变数更大的资本交易中。

踏实肯干的于文斗同时又有着商人独有的精明狠辣，他的一双慧眼瞄准了彼时落魄的贵族。这些养尊处优的老爷们被美色酒肉掏空了身子，一双浊眼只盯着眼前的享受，却不知灭顶之灾已悄然尾随其后，他们蹒跚的步伐早已跟不上时代的巨轮，用不了多久，就会被远远地抛在泥泞的狭路上。

于文斗结识的三个大户人家——三喇嘛爷、八梅伦、牙石留根正是这样的代表。他们一边过着挥金如雨的奢侈生活，一边不得不卖地卖业来维持日常开销。他瞄准时机，在他们为债务所困的窘境下抛出"橄榄枝"，表示愿意救其于危难之中，当然，代价是郡王爷所拥有的科尔沁的大片土地。就这样，以钱易地，以地换钱，于文斗在兄弟们的帮助下，将自己的产业开枝散叶，相继开办了营口的庆泰祥钱庄、奉天的富裕祥总钱庄、锦州的富裕祥钱庄等分号。

苦苦经营数十年，于文斗看着自己营造的商业帝国日益庞大，他大笔一挥，豪气地将"丰聚当"钱庄改为"丰聚长"商号，其产业之大，令人不敢直视。

过了辛苦打拼的时段，接下来要做的就是稳步求进。于文斗明白，在那个人人自危的年代，庞大的产业本身就是最好的营销广告。当时的人们都知道于家家大业大，当地甚至流传着"骑一匹快马从天亮跑到天黑，一打听，还是于氏家族的土地"之类的俗语。

于文斗本人正直豪爽，对于北上闯关东的汉子们他总是将土地优先换给他们，而穷困之人也往往将自己的土地抵押给于家以换取现金，久而久之，于家脚下的土地不仅从吉林延伸至整个东三省，还将触角深入了内蒙古一带。

于文斗凭借着过人的能力和极高的威望，顺利当选了梨树县等地的商会会长，任期长达20年之久。他深知共赢获利的道理，在位期间，他周旋于官商之间，调和各家矛盾，为各个商号谋取福利，会中之人见到他莫不满怀敬意地喊一声"于会长"。

凤至，虎归

一灯如豆，辛苦了一天的于文斗回到卧房，清点着当日的账目，倚靠在床上的于钱氏轻柔地抚摸着已然高高隆起的肚子，看着为这个家劳碌奔波的丈夫，她将昨晚做的好梦，向他细细地述说着：

一只五彩斑斓的彩凤，从天边飞来，它在村子上头转了一圈又一圈，然后径直地飞到了他们于家，一下子落在了门前的那棵梧桐树上。

一旁的于文斗，闻罢此言，仍鼓捣着这一月的账单，在灯前看着斜倚在床边的妻子，钱氏也正睁着一双大眼睛等待着丈夫的回答，二人就这样在如豆的灯影前默默对视了片刻，于文斗舔了舔略干的嘴唇，心想着如果不是凤凰，而是一条金龙那可就更好了。于钱氏仿佛看透了他的心思，原本甜蜜的笑容一下子僵在了脸上。

1897年，公主岭南崴子镇大泉眼村中于家宅第的上上下下都为于八奶奶的生产忙碌着。丫鬟们端着水盆跑进跑出，热毛巾换了一次又一次，于钱氏虽然已是第三次生产，但这为人母所需经历的苦痛丝毫不减；产婆边帮她擦拭额边豆大的汗珠儿，边抚着她高耸的肚子，向她传授呼吸之法。于钱氏默默地运着力，祈祷上天一定要再给她一个儿子。

几个时辰过去了，小婴儿挣扎着探出了头，于府上下一片雀跃。于文斗在外厅听到这个消息，悬着的心终于落下了一半，一旁的大儿子凤彩，二儿子凤翥也似懂非懂地点着头，拍着手高兴地跳着。于文斗兴奋地搓着手，来回踱着步。

又过了一会儿，只听产婆哑着嗓子高声叫道："出来了，出来了！"一大帮人闻言都往产房内赶。

新生儿刚呱呱落地，还未从生产之痛中缓过神来的于钱氏第一时刻清醒过来，只见产婆朝她无奈地点点头，于钱氏原本疲惫不堪的脸上又增添了几道忧愁的纹路。产婆将婴儿从她瘫软无力的手中接过，深深地叹了口气。

接生婆适时地抱过女婴来到于文斗面前时，于文斗心中郁郁，但也只得扭过头看着刚来到这世界他的小女儿。

也许是上辈子就注定，他要成为她的父亲。

于文斗的眼睛一瞥见女婴粉嘟嘟的小脸，他的眼睛又在顷刻间活泛了起来。他仔细端详着怀中这个软软糯糯的小东西，长长的眼睛、弯弯的眉毛、薄薄的嘴唇，小婴儿好像觉察到有人在看她，忽地一下张开了双眼，一对明又亮的黑瞳仁忽闪忽闪的，像深山中一潭清澈的湖水，又像雨后林中轻跃的小鹿。

于文斗在这黝黑的眸子中看到了自己，一个温柔到难以置信的自己。他开心地一把举起了孩子，她并没有像寻常的孩子那样因为受惊而哭闹,而是好奇地盯着自己,于文斗脑中一道灵光闪过,好像突然记起了什么。

一只金凤凰,从天边飞来,落在了他家的梧桐树上。

这凤,一是应了后辈的排行,二是应了他命中该有个闺女。

他低头沉思了一下,将这新生儿取名为——凤至。

于氏闻言破涕为笑,抬手揩了一把额头上的冷汗,"好好,凤至,就叫凤至。"

尽管已经有了凤彩和凤翥两个儿子,但作为一个传统的中国男人,他自然希望自己的家庭能够男丁兴旺,而且此时的于文斗已过五十之龄,他还是渴望享受一下老来得子的喜悦,再想想,毕竟女儿最终都是要嫁出去的,而儿子则可以成为他的左臂右膀,继承这偌大的家业。但宿命就是这样的奇妙,于文斗的心被这么女紧紧地牵动着,他迫不及待地想看她长成亭亭少女,想看她披上嫁衣,想看她抱着孩子回娘家。

他心想着,要把最好的东西都给她。

于文斗和族人们的拼搏为其子女的成长创造了优渥的条件,凤至当然也是其中的受惠者之一,这只"小凤凰"本可以在于文斗的"目"字型豪宅中,享受女眷们的庇护,衣食无忧地成长,但具有远见卓识的于文斗怎么可能让自己的女儿成为一个啃老无为、日后嫁人还要被夫家嫌弃的废物呢?

因此,尽管是个女孩,但于文斗还是像培养两个儿子一样,在凤至5岁时就将她送入了当地私塾,让当地饱学之士教她读书认字,学习旧世女子为人处世的规范,立志将她培育成知书达礼的大家闺秀。

每当他想起自己可爱的女儿坐在教室中，摇头晃脑地跟着老先生朗读她并不真正知晓的课文时那懵懂的样子，于文斗都会露出一丝欣慰的笑容。

每当他回到家，就会看见自己的小女儿，她跌跌撞撞地从院子的那端向自己跑来，一头扎进他的怀里，嘴中还不住地呢喃着"爹爹怎么不来看凤儿，爹爹抱"，他已露白丝的鬓角仿佛都为春风所拂，返苍为青。

每当他抚摸着女儿柔软乌黑的头发，嗅着她尚未褪去的乳香，那在一场场商战中所留下的伤疤仿佛都为之抚平，不留痕迹。

"舐犊情深呐。"钱氏在桌边做着女红，看着父女两人亲热的样子，总会这样欣慰地自言自语。

而世间的另一端，于凤至未来的丈夫张学良方才叼着奶嘴牙牙学语，穿着开裆裤蹒跚起步，但这些儿时的窘态并不妨碍他日后成为一名军人，而且，于文斗的生死之交——张作霖对这个儿子寄予了厚望。

"大人虎变，君子豹变，小人革面"，一代枭雄张作霖既不希望他的儿子成为传统儒家理想中知书达理的谦谦君子，更不愿意他沦落下层，成为碌碌无为的平头百姓，他的目标是激起儿子内心深处的"狼性"，促其"虎变"——他要他的儿子像他一样成为令人闻风丧胆，称霸一方的统治者，盘踞要塞，虎啸山林，风云四起。

张作霖深知，他干的可是刀尖上舔血、朝不保夕的狠活儿，若其惨遭不测，这儿子可得继承其衣钵，完成其未竟之大业。

但是吃过"文盲"之苦的张作霖深知没有文化会走多少弯路，会吃多少苦头，因此，他发家之后也和于文斗一样，将孩子送入学堂。但这学校教的不是孔夫子那套以礼待人，作为一所以"输送优秀中下级军官"为旨归的学校，该校给学生们教授的是谋略兵法，杀伐决断。

张学良还在父亲的安排下远渡重洋，赴日本学习、观摩日本的军事操练。归根结底，张作霖一心要让张学良走入军营，希望他能在马上杀出个天下，而不是以笔口定乾坤。尽管，天资聪颖的张学良，心心念念的是去美国留学或者成为一名埋首书斋的学者，但这些却遭到了家中长辈的一致反对：

"学良，父母在，不远游啊！"

"汉卿，当今已不是读圣贤书就能出人头地的太平世道了啊！"

"小六子，别总想这些有的没的，跟爹好好打天下！"

叔伯兄弟们的话语在其心头时刻萦绕，张学良无从选择，他最终没能鼓起勇气忤逆父辈们的旨意，只能将自己的愿望深埋心底，顺着他们为他铺设的军人之路，步步行进。

但优秀的张学良从亲上战场的小兵到营帐中运筹帷幄的将领，从卫队旅统带到陆军少将，他的每一次表现都没让要求甚高的父亲失望。而 1924 年的那场大战，更是让他扬名立万。

那年，他的父亲引兵入关，发起第二次直奉战争，张学良主动请缨，担任主力大军的总指挥。他仔细研究形势，在营中的战事讨论会上发表了令人惊叹的见地。

彼时,直军已然占据了最佳地形,并且筑起了坚固的防御堡垒,张学良认为,奉军只有从两翼包抄,以形成掎角之势方能有所胜算。但这还不够,深思远虑的张学良,又提出了战况走向的两种可能。若直军兵力难济,被奉军一攻而下,那固然最好,若其顽强抵抗,形成固守之势,奉军自然不能坐以待毙,浪费兵力,应该先让一小部队继续进攻,然后再由郭副军长带领精壮兵力从右翼小路进发,直捣秦皇岛,这样变左右为前后,自然会将直军杀个措手不及。

众人听后纷纷点头,张作霖更是捻着髭须,毫不掩饰地张口大笑。

奉军们根据张学良的建议进攻,果然将直军杀得片甲不留。此战之后,人们不再称他为张作霖的儿子,而是少帅张学良。"将门虎子"从此扬名。

一点希冀，一次约定

1910年春天的某个清晨，郑屯于宅厢房的妆台前端坐着一个眉眼秀丽的少女，她拿起一把木梳，往旁边的盆中轻轻一蘸，侧过半边脸，对着铜镜细细地笼起鬓边的碎发。

她溜着一弯凤眼，瞅着镜中已化完妆的自己，脑中一阵恍惚，她似乎身处宋朝的某个勾栏瓦院，雕栏画柱的水曲柳木大床上铺着熏得喷香的丝锦薄被，床边的四脚金兽吞云吐雾，一丝不苟的房梁瓦柱都因这暧昧的香气变得扭曲。

少女开了开口，一口贝齿在红红的嘴唇的映照下显得煞是好看，她放下梳子，低垂着眉眼，柳七的词儿在脑中恍惚而过："镇相随，莫抛躲，针线闲拈伴伊坐。和我，免使年少，光阴虚过。"

少女蓦地羞红了脸，可怜又可爱的女孩啊，情窦初开，芳心暗许，突然，她仿佛想到了什么似的，忽而又转郁为乐，伸出两根纤纤玉指，把玩着颈后的碎发，一派天真烂漫的样子。

"长相思兮长相忆，短相思兮无穷极。"

草间的蛛网还坠着前夜的夕露，各式各样的花儿却早已在阳光下打扮得明媚照人。窗外的鸟儿三五成群，啾啾地叫着，风儿吹散了笼罩在枝头的薄雾，整个院子一下子变得明朗起来。少女扭头看着院内这如许春色，却忍不住叹了口气。她看见汤显祖手执纸笔，从那壁厢一径往这儿走来，他看着房内的女孩，幽幽地张嘴，唱了一出昆腔："原来姹紫嫣红开遍，似这般都付与断井颓垣。良辰美景奈何天，赏心乐事谁家院！朝飞暮卷，云霞翠轩，雨丝风片，烟波画船，锦屏人忒看的这韶光贱。"

少女转过头来对着铜镜，一脸木然。这时母亲提高了嗓门，喊着她赶紧去上课，她方才如梦初醒。

凤至对着镜子匆匆捋了一下头发，便迈开小碎步，向厅中跑去。

9岁那年，她就被父母从大泉眼子村接到郑家屯一起居住，对她期许甚高的父亲专门请了当地的儒学名士董天恩为她讲习经典，年幼的她受到礼教的熏陶，早已将"温良恭俭让"深刻心中，形于身外。父亲看着小女学有小成，自是打心底里高兴。

如今，这样的生活已持续两年了，11岁的凤至还是和平日一样，在老师的教导下研习四书五经。

今天老师要讲演的是四书中最难的《中庸》，若在以前，凤至定然全神贯注地听董老师讲解，但现在，她却直愣愣地盯着老师，木然地随声附和着，她的心莫名地涌入了一股陌生的情感，说不清也道不明，就像一个耍无赖的顽童，毫无理由地在她本无波动的心底搅起惊涛骇浪。

一开始，她想着在笼括万物的圣贤书中寻找答案，但翻开泛黄的线装书，里面尽是这个11岁的女孩所不能理解的才学德识、性命天道。

直到有一天，董老师要考察她的学习情况，随手抄起一本《诗经》让她背诵"唐风"中的"绸缪"，她滴溜溜地转了转眼珠，在脑中将这早已烂熟于心的篇章抽放到喉头舌尖，如黄鹂初鸣般吟诵起来：

"绸缪束楚，三星在户。今夕何夕，见此粲者。子兮子兮，如此粲者何。"

她边背边咀嚼内中的含义，以前生涩的文字，仿佛一下子融入了她的血液，进入了她的生命，在她全身上下自由转圜。

此后，她在学习圣贤礼教雕琢自己的同时，更爱甩开腐儒们对《诗经》的道德注解，用一颗柔软的少女之心去拥抱千百年前与自己如出一辙的情感。宋词中的旖旎缱绻，明传奇中的大胆奔放，都让她的少女情怀有了安歇之处。

但这可不是富贵人家子女没由来的闲情，一切的愁思都始于1908年的那次谈话。

张作霖因感念于文斗的救命之恩，便与他结为生死之交。另外出于在东北立稳脚跟的目的，张大帅也隔三岔五地来于家府上联络情感。那天本也平淡无奇，大帅携领着一小队随从来到于府做客，正逢于文斗从镇上请了一个颇有名声的先生给孩子们算命，张作霖看那先生仙风道骨、仪表不俗，所言必然有可取处，便也凑过身去仔细听着，但听了片刻，发现这先生对前几个孩子命运的预测也都平平无奇，全是老生常谈的那套，粗人出身的张作霖早已听得不耐烦了，但毕竟是在别人府上做客，他自然不好随便发作，只得在心里默默抱怨。

前两个孩子的命已然算得差不多，于文斗叫过一边默默端茶添水的凤至，将她一把推到算命先生前，让他好好给算算。

于文斗对这个女儿的期望丝毫不比对儿子的低，他将她的生辰八字详详细细地给先生说了一通，只见那算命先生掐指一算，随后照着于文斗的指引，将一双废掉的瞳孔直直地盯着身边那个小女孩，随后又摸了她通身的骨架，一边点头一边啧啧称叹。于文斗见状喜不自禁，知道小女身上肯定有过人之处。

那算命先生也是兴高采烈，将这女娃儿通身的好处说了一通。

于凤至双眼细长，眼角高吊，直飞鬓角，按相书的说法即是"凤眼"，又兼这额头高广，山根挺直，鼻翼饱满，处处皆是贵人之相，而且她三庭适中，两颧有肉，加上这双臂纤长，又全是福禄之相。如此一来，则是富贵双全。也就是百里挑一的"凤命之姿"，若送进宫里必定是节节高升，称后方止。再不济也必能嫁入豪门，锦衣玉食。

于文斗一听算命先生之言，简直高兴得没个落脚处，在房间内只转圈，他一直念叨着算命先生的那句"凤命之姿"，好像中了魔一般。

一旁昏昏欲睡的张作霖，似被一道惊雷劈中，蓦地惊醒，他边扯开笑脸边向于文斗道贺，边在心里默默盘算着"凤命"二字。他想，既然于文斗的女儿是凤命，那他张作霖的儿子可是虎子，虎得凤妻，岂不应了如虎添翼那句老话？

而且，他见于凤至聪明乖巧，温婉可人，必定知书达理，是心目中长房儿媳的理想人选。但见惯生死的张作霖又怎会因一句谶语而擅下决心？老谋深算的他可有着更为长远的计划。

于文斗是东北土地上的商业大户，他在救张作霖之前，也无意于和军人结交，因为当时军人大多都是由胡匪招安的，做惯了黑吃黑的事，他深怕和他们有了接触后，这伙大老粗就会经常找他麻烦。

但张作霖和他因为剿匪之事而阴差阳错地攀上了关系，城府颇深的张作霖想着何不顺水推舟，让他家的小六子和于文斗家的这个丫头成个亲，这姻亲关系可比什么劳什子拜把子牢靠多了。这样一来，张作霖若是想要在东北立牢脚跟，闯出一番名堂，就不用担心什么粮食问题，这强大的物资后援，可得牢牢抓住了啊。

这可不是张作霖第一次拿儿女的婚姻幸福做政治筹码，他的二女儿怀英在他一手操办下嫁给了一个傻子，四女儿怀卿则被嫁给了因复辟丑行而"名垂青史"的张勋之子张梦潮。这大概就是枭雄之子不可违抗的悲剧宿命。比起那句"凤命千金"，张作霖对于儿女的婚姻观，反而更像是一句命运的谶言。

晚上席间，张作霖将白日里打得如意的小算盘向于文斗和盘托出，他的两个眼珠子滴溜溜地转着，由不得于文斗有半丝半毫的躲闪。

于文斗闻言后，眼神中瞬间闪过一丝惊愕，他没想到张作霖会如此直截了当地提出联亲之请，尽管此刻他醉眼惺忪，但这也绝不可能是酒后打趣之语。酒桌对面的张作霖仍直勾勾地盯着自己，毕竟也是见过大风大浪的过来人，于文斗在心底快速盘算了一下，便一拍桌子一口应承了下来。

这于文斗还是个直性人，一来他已将张作霖视为生死之交，若结了儿女亲家，修成秦晋之好，那必然是锦上添花，只是他一打听，张作霖膝下的长子学良尚比凤至小了3岁，则怕往后这大妻少夫，再加上少年人心性晚定，懂事的女儿免不了要受些委屈，吃些苦头。

他又思忖着，张作霖以后必将大有作为，而张学良也是作为他的接班人在培养，他知道女儿嫁到这家，是真应了"凤命"这一预言，而且虎子配凤命，倒也不差，况且"女大三，还能抱金砖"呢。于文斗一心考虑着女儿的幸福，而张作霖背后曲曲折折的小心思，他还是未能彻底参透。

当晚，二人沉浸在联姻的喜悦中，把酒言欢，一直饮至三更，酩酊大醉方才罢休。

就在二人酒酣耳热之际，多嘴多舌的丫头早就把他们席间的许约告诉了闺房中正在温书的凤至小姐。

小凤至看着跑得喘吁吁还一个劲儿咧着嘴傻笑的丫头非常疑惑，她偏着玉颈，一脸狐疑地望着她，两只眼睛眨巴眨巴，等着丫鬟的言语。小丫头咽了口口水，把凤至面前的《论语》一把盖上，兴奋地告诉她老爷把她许配给张家大公子了，害了羞的于凤至佯装不知，其实，她当然知道是那个张家就是父亲席上的常客，威名赫赫的张作霖张将军家，她更清楚张家的大公子是何许人也。

顽皮的小丫头一瞧凤至这样，还打趣地让她赶紧收了读书的心，安安心心地绣个合欢被，绣个鸳鸯交颈欲双飞，绣个比目双双戏荷田。凤至尽管才 11 岁，但她早就知道这'鸳鸯''比目'有何寓意，也知道女孩子绣床被意味着什么，她红着脸，起身追着小丫头打。

两片红云霎时飘上了她的双颊，她还是借着打闹，遮掩着少女的羞涩，但心中早已闯进一条小鹿，跳得七上八下了。

那夜，明月低于屋檐，潮生碧溪两岸。

这之后，家中人老会借着这事向她打趣，人前她总是俏眼一瞪，呵斥他们胡说八道，人后却总是要回味这种被承认的甜蜜，心里头喜滋滋的。出生于农商之家，又有着严格家教的凤至，总是对外面的世界充满幻想，当她知道自己未来的夫君将是一个马上安天下的军人时，她的内心是满意的，也是欣喜的。

少女情怀总是诗。相思相见知何日？此时此夜难为情。是他。深知身在情长在，怅望江头江水声。是他。愿我如星君如月，夜夜流光相皎洁。亦是他。不管在书中读到什么，凤至总能在脑中拐几个弯，想到他，那个从未谋面的张学良公子。

懵懂无知的未来

原本,于凤至只要守着一纸婚约安安稳稳地等到张学良迎娶她的那一天即可,但20世纪初期的中国延续了19世纪以来的动荡,它使每个原应顺理成章的愿望都历经波折,甚至胎死腹中。

1911年,当八旗纨绔子弟还在皇城根下醉生梦死的时候,南方的革命党人早就谋划着要推翻这腐朽的清政府。1919年10月10日,武昌新军工程第八营的革命党人一个不慎,在研制起义用的炸弹时,误爆了炸弹。原本机密的革命基地一下子暴露在青天白日之下,时任湖广总督的瑞澂吓得够呛,先是将三个领头人斩首示众,然后放出话来要按图索骥,把缴获的革命党花名册中的造反派通通捕杀。

这时,历史好像回到了那个大雨滂沱的戍边之路上,陈胜对他手下那些忐忑不安的同僚们这样说道:"公等遇雨,皆已失期,失期当斩。借第令毋斩,而戍死者固十六七。且壮士不死即已,死即举大名耳,王侯将相宁有种乎!"

历史在这一刻重合,革命党人头顶升起了一圈崇高的光环,他们干脆拍案而起,摒弃门户之争,联合一切可联合的力量,打算杀出一条血路来。

　　武汉本是四战之地，革命党人根本没想要在这腹背受敌的地方发动起义。但万万没想到，武昌的一次误爆，居然成为革命的导火索，其开敞的地势居然加速了革命进程的推进，就像后世历史书上写的那样，武昌起义之后，随之而来的是南方各省市像多米诺骨牌似的响应。

　　改朝换代的消息传到了东北，当地的各派人物并没有表现出过多的情绪波动。一来，当地因地处边境，且与俄国接壤，反清势力极为强大；二来，各个势力都暗含鬼胎，每个人都有自己的小心思，想趁乱捞一把好处。但新旧两股势力的交锋总会引起人们或多或少的恐慌与迷茫。

　　已近耄耋之年的于文斗当时已呈半退休状态，他摸摸自己脑后梳了快70年的辫子，一颗心左右摇晃，他不知道该不该将这根辫子剪掉，两个儿子看着举棋不定的父亲，也不知该如何劝慰，毕竟他们自己也拿不准方向。

　　14岁的于凤至虽为年少的女流之辈，但也颇关心时事，她看着家里男人们心烦气躁、举棋不定的样子，也暗暗捏了把汗，她的心同时也为张家大公子所牵动。她不在意权力场中的杀伐荣辱，也不解其中的明争暗斗，她只盼着未来的丈夫可以在无情的乱世中性命无忧。

　　然而，此时的张作霖并未将南方的革命当回事。奉天（今辽宁沈阳）的土匪班子甚多，而且与官兵士绅交往甚密，像张作霖这种胡匪出身，又被招安成为奉天前路巡防营统领的人，其实并没有明确的立场。

当时，东北一方的霸主袁金铠因在此次变革中被众人忽略自尊心备受打击。为了体现自己的存在，他拉拢了张作霖，两人联盟成为保皇党，将当地的革命党张榕等设计击杀，本来反清势力极强的东北就这样成为了"保守"派的天下。

张作霖这行为，直接将自己推上了历史舞台，从落后兵力代表的巡防营统领变成了扬名天下、称霸一方的军事首领。

当于凤至在家人口中得知张大帅平安无恙的消息后，喜出望外，但新的烦恼又接踵而至。

此情无处可消除，才下眉头，却上心头。

最是无情深秋时，特别是这北国的秋，总是这样清冷萧瑟，不仅风来得急，雨也来得密。不等夏天的余威散尽，寒气便僭主夺位。

露水越发浓重了，早晨起来，整个院子似乎还在另一个世界，朦朦胧胧，模模糊糊，什么都看不真切。天空变高了，它好像看不得草木凋零，人情哀怨，有意地疏远起人间。

家人们还是像往常那样里里外外地忙碌着，满腔心事的凤至只能独饮苦水。

池边的凤至还穿着杏黄色的单衫，她读着宋词，时而不住地叹息，时而抬头望望远方。辛亥革命之后的张统领已经成了张大帅，不仅仅是东北的人要仰其鼻息，就连整个中国都要忌惮他三分。

而张学良作为张家的大儿子，也是钦定的接班人，多少好姑娘都等着要嫁入张家，她一个小镇姑娘，又有何可期冀的呢？那一纸婚约不过是落魄时的大帅所想的权宜之计，不知是否还会算数。

凤至这样的胡思乱想已不是一天两天了。即使在深秋之际，池中的鱼儿仍相依相偎，双双游动着。凤至看着它们亲密的样子，心下戚戚，

和那个激烈但却茫然的时代一样，凤至对自己的未来也无从把握。但此时正在哀叹的小凤至并不知道，4年后的她便凤冠霞帔，坐上了通往张家新房的八抬大轿。

尽管，这之后的路是让人扼腕长叹的。

第二章 / 时光・命运原来的样子

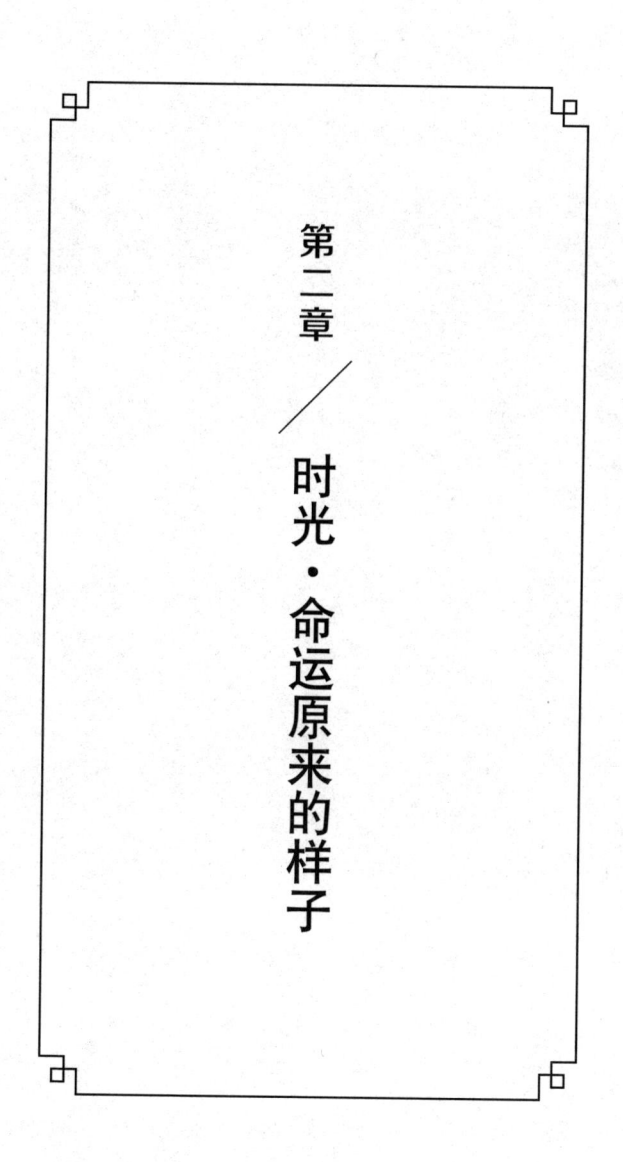

读尽书中万千事

于凤至在日后的回忆录里曾说,张作霖在她小时常来她家做客,看到她用功读书的样子,就夸她为"女秀才"。的确,凭凤至的才学,若是个男儿身,而且活在古代,那肯定是要登科中举,穿红袍当状元的。而她日后柔中带刚,果决刚毅,忠贞不渝的性格也是在书香的浸染中逐渐养成的。

于凤至所接受的是中国传统教育,与西方注重经验,讲究实用的知识不同,传统国学所信奉的是"治学必先修身",若为人不端,其学问必然无所可取之处。幼年的于凤至在大泉眼村所接受的私塾教育,除了常规的字词学习外,当然还有《弟子规》《三字经》等规范童子性情的教育读本。

小小的她自然不懂什么是"泛爱众,而亲仁""人之初,性本善",但乖巧如她,还是会听父母和老师的话,认认真真地背诵着纸上一个个蝇头小楷。爱玩自然是每个孩子的天性,但她仍会安安静静地完成一天的任务后,才和小伙伴一起出门玩耍。

虽然她不懂什么是"父母教,须敬听,父母责,须顺承",但垂髫之龄的她却比成年人做得还要体贴到位。于文斗看着自己的女儿从小就如此可人意，常常露出欣慰的笑容。

随着于氏产业的不断扩大，于凤至的父亲将一家人都搬到了郑家屯，这也为女儿的教育提供了便利。

当地有一个儒学名士——董天恩，此人是前清举人，虽未为官，但却是一个有真才实学之人，为众乡亲广为赞誉。而此时，于凤至字也认得差不多了，启蒙教育算是告一段落，是时候从"小学"迈向"大学"，研习古代经典了。因此于文斗思量再三，将她送到董先生门下，望她能在良师的教导下修养身心，学有所成。

凤至当然不会辜负父亲的期望。在传统四书五经的学习中，她丝毫不比任何同学逊色，幼年时启蒙教育的积淀，使她有超越同龄人的见解力与洞察力，在学习过程中，她常有惊人的卓见，董老师听后总会连连点头，称赞不已。

他按照于凤至的学习能力，在教授完《孟子》和《四书》之后，紧接着传习了四书中最难理解的《中庸》，出乎意料的是，一个9岁的女孩子，居然能快速地摸到里头的门道，并讲解得有条有理。

董老师总在众人面前对凤至赞不绝口，也难怪，收了这样一个天资聪慧，又勤学好问的学生，大概是董天恩教学生涯中最为骄傲的一件事了。

在儒家经典中，于凤至学习了古人为人处世的经验。在父母面前，她仍是家中最为受宠的幺女，她常带着少女特有的娇憨与纯真向父母撒娇，但在做错事时，她虽然会惊慌，但并不会像很多孩子那样撒谎，或一味地搪塞，而是会勇敢地站出来承认错误；在两难的境况面前，她会仔细权衡，作出自己的选择。

读经典，让于凤至有了这种超出同龄人的稳重与成熟，她生命的厚度也因书而逐渐增加。

但若是沉浸于枯燥的经书中，于凤至也不免成为一个令人厌烦的絮絮叨叨的"女夫子"。她深知学习亦该"止于所当止"。她一面深化经典的学习，一面又将一腔热情投入诗词曲赋的学习中。

诗词是古人言说性情的载体，小小的篇章极尽缠绵委屈之能事，曲曲折折地道尽了千古的悲欢离合，她是懂诗之人，虽也会为诗中的奇字妙句拍手称好，但她更为注重的却是诗中所蕴含的古今共通的情感。

于凤至读诗时总会为古人所经历的酸甜苦辣所感染，时而潸然泪下，时而掩口轻笑。她读懂了杜工部沉郁顿挫的感时伤国，读懂了秦观词中委婉难尽的寸寸愁思。因而，她内心的情感，在古诗的浸润下变得更为丰富。

性格温厚的她，会体贴父母的心境，从他们细碎的语言中读懂内心的真实情感。她也会体谅家中下人的苦楚，从不对她们颐指气使、口出恶言。她能读懂春风的十里柔情，亦能知晓杜鹃的啼春之苦；她能好花好景听雨眠，亦会焚香哀婉愁华年。

在诗词世界中，她明白了什么是同理心。

当心中的情感汹涌郁勃之时，提笔创作的契机也由此向她显现。于凤至每日有所感发，都会将其一一记下，赋予其音节声律，谱成诗词，每日闲散时便在口吟诵不绝。经过几年的磨炼，她的诗词创作已然有了一定的造诣，她的诗作从闺房流传到了当地的文人墨客手中，人们都对这个女孩子刮目相看，于凤至的"才女"之名也在城中渐渐传开了。

于凤至不仅仅精于诗律，于治学颇有心得，而且才思敏捷，出口成章。

有一次，于家邀请董天恩来家中做客。大人们兴从酒来，乘着喜庆的气氛，提笔写起了春联，大家你一联我一语，对得不亦乐乎。

在座的董天恩一是想考考于凤至的学习，二也是想彰显自己学生的才能，他大笔一挥，出了"新年纳余庆"这一名联的上联。

凤至看着老师眯起眼，微微一笑，一提笔，潇洒地对出了"嘉节号长春"这一下联。

众人很是惊讶，一个孩子能有如此博学，况且还字迹娟秀，实在是难能可贵。于文斗见众人对自己的女儿施以如此高的评价，自是笑得合不拢嘴，一面谦让着，一面叫人把此联贴在于府大门口的楹柱上，这个父亲是多么得意啊！

发生在于凤至13岁正月十五的那件事，更是让她声名大振。

彼时道尹贺至璋举办元宵灯会，这当然少不得猜谜乐事，凤至和几个女伴夜游至此，也想猜个迷，讨个彩头。她兴之所至，随意取了一个谜面，万万没想到，竟然是难倒老师董天恩在内全县大名士的一张。

然而小凤至却不以为忤，她细细审视了谜面，没过多久就给出了答案。这个消息传到了贺道尹的耳中。起先，他还以为是通报之人因为太着急而弄错了，无论如何他都不相信，这个谜题会是由一个 13 岁的小女孩解开的，但当他急匆匆地赶到灯会现场，与凤至交谈过后，他方才由不信与轻视转变为赞扬与敬佩。

为表达自己的真诚，贺道尹回去便令人做了一块"僻壤奇伶"的匾额，第二天，用红布包着，亲自和随从一起送到了于家的"丰聚长"商号上。

自此，不仅是郑家屯的老老少少，更兼周围的乡镇，都知道于家府上出了个才学过人的"金凤凰"。

但于凤至并没有沉浸在众人的赞誉中不能自拔。多年的书海熏陶以及优渥的家庭环境，也让她有了不慕名利、宠辱不惊的性格。

她还是和以往一样过着自己的生活，平时会在房内练字。于凤至最喜欢的字体是小楷，虽然这字体看起来笔画古朴、端正齐整，但却内含筋骨，寓巧于拙，笔势超逸。她并不是一个爱好张扬、咋咋呼呼的女子，这种字体与她的性格刚好相符。

每当她蘸墨提笔，在上好的宣纸上摹写钟繇、王羲之、赵孟頫等小楷名家的字帖时，她常感到这些字向她毫无保留地敞开，她自然也用自己的生命与之拥抱。因此，凤至的字才会灵动而不板滞，秀美而不迂腐，让日后的张学良一见倾心。

不仅仅是书法，凤至在绘画上也颇有造诣。她不爱炫人耳目的水彩画，那些缤纷的色彩在她看来简直就是胖人身上的赘肉，若过分专注于此，则会使人的精神消弭，气骨顿减。于凤至爱的是中国最经典的水墨画，每一笔都清秀俊朗，每一画都意气骏爽，毫不扭捏造作。

即使是要绘制以色彩耀人的鲜花,她也会首选水墨画。

于凤至最为拿手的就是墨荷了。她并不像后世的张大千那样追求尺幅之大、规模之宏,即使是在方寸之中,她尤能腾转自如。凤至笔下的墨荷有力、有情,每一根荷干都纤长且富有韧性,而荷叶却采用虚笔,以写意之法层层铺设,每朵荷花都用细笔勾勒,清雅可人,毫无媚俗之气。一幅画作中笔法多样,灵动轻巧,虽然是黑色,画纸上却是"绿荷红菡萏""映日别样红"啊。

除了书画,于凤至还精通音律,抚得一手好琴;谙熟棋道,下得一手好棋。

春风和煦,草木萌生,她于闲时总会搬琴移至院中,与春鸟和鸣一曲。仔细聆听,她的琴声时而如鸣佩环泉水融融,时而似儿女低语情切切,恩怨相尔汝,听者无不感慨遥深,沉醉其中。

有时,她也会和家人或者老师"博弈"一番,他们都没有想到,以感性思维见长的于凤至居然有着如此缜密的思绪,整盘棋步步为营,下得滴水不漏、无懈可击。对手往往还没有反应过来,便被对面这个笑吟吟的小姑娘杀得片甲不留。

一个寒冷的东北小镇居然能孕育出如江南女子般婉约的少女,这是大家都不曾想到的。

1913年,于凤至以优异的成绩考入了奉天女子师范学校。从小镇来到了当时的东北第一大城——奉天,年少的她并没有表现出丝毫慌乱。

在此,她首次接触到了西方的文化教育体系,接触到了家庭以外更为广阔的天地。由于是师范教育学校,与她从小所学出入不大，需要学习的主要课程包括修身、教育、国文、史地、家政等，凭着凤至的理解力，学习这些课程十分轻松。

她很快就适应了新的学习环境。每天，她和女伴们捧着书前往教室上课，这里的房间有圆顶的落地窗，课堂明亮而宽敞，老师们大多着西式服装，或是改良中山装，在阳光的映照下显得精神干练。

教学楼前面还有一方纵深广阔的大操场，凤至第一次在那里上了人生第一堂"体育课"，她和同学们一起跑着，跳着，打起了网球、排球……她从来没有这样淋漓尽致地舒展过自己的身体，挥洒的汗水更是彰显了少女的青春与活力。

课后，她会和三五知交女伴上街闲逛，奉天城中车水马龙，几个女孩子手拉着手，穿梭在如水的人流中，看着黄包车载着摩登少妇横街而过，听着挑着扁担的小贩叫卖吆喝……但于凤至更喜欢的则是在房内温书，将一天所学融会贯通，这给予了她莫大的成就感。

最终，经过几年的学习，凤至以优异的成绩于奉天女子师范学校毕业。

凤至深知自己的才学，但她毫不夸耀，毫不自傲，她在书中读到了何为本真，何为诚顺，并且用一生来坚守践行。

大家闺秀，婉约清扬

当时，"女子无才便是德"的腐朽观念已很难在大户人家觅见。有钱有势的父母纷纷把家中的女孩也送进学校，让她们接受新式教育。尽管形势变了，但内在深层的思维模式还是没有变。

女孩终究是要嫁人的。以往的女孩子学习女红、烹饪，习读《烈女传》是为了提高自己的身价，觅得一个好婆家。如今，父母送女儿进学堂，不过是追赶时代的步伐，想要将女儿培养成未来婚姻市场上的"紧俏品"而已。

而于凤至的书，却是读到骨子里去了的。

她读书从来不是为了抬高自己的身价，从而待价而沽，在婚姻的抉择上获得更大的主动权或者在同龄人的竞争之中，脱颖而出，获得师长的青睐；她的所学所习都体现在她平常的一言一行中。

"礼为先，和为贵。"凤至"知书"后最明显的表现就是"达礼"。

父亲是一方名士，家中自然常常高朋满座，两个哥哥已经长大成人，帮助父亲外出打理产业去了，只有年少的凤至还留在家中。父亲常常会在与众多亲朋谈天说地时唤来凤至，一是因为席间有一小儿更显趣味,二是凤至才学广博,能开辟更多的谈天领域,为酒席增色。

来到众人面前的小凤至毫不怯场,但她也不会因为父亲的宠爱与信任而趾高气昂、擅自托大,她不轻易开口,但一开口便会获得众人真心的赞誉,而她对于这些赞誉同样抱以真挚的感谢。

席间,她会懂事地招呼仆人斟茶添酒,让客人们饮得尽兴;临末了,她也会恭恭敬敬地和父亲一起将宾客们送至门外,挥手告别。

尽管出身于富庶的东北商业巨擘之家,但于凤至身上很少有大小姐的任性骄纵、趾高气昂,她懂得普通人的辛酸与苦楚。

在她就读的奉天女子师范学校中有一个老堂役,他出身于贫苦人家,妻子已在多年前因病过世,平时也甚少亲友来往。他年复一年、日复一日地生活在学校给他安排的简陋宿舍中,拿着微薄的薪水勉强度日,他的衣服上常常可见补丁的身影,一双布鞋已刷得发白,正如他头上星斑似的白发。

但他为人善良,和蔼可亲,每当上下学时分,女孩们手牵着手进出校门时,他都会对她们报以微笑,有些小姐看不起他,总是对他的好意视而不见,有些则会同样以微笑回报他的善意。

凤至就是后者。有时她独自路过门房,看见堂役爷爷一人在那儿收拾东西,干瘪老弱的身躯好像要被手中的物品压垮,她都会不顾惜刚刚换上的新衣服,毫不犹豫地伸出援手,尽管她也只是一个柔弱的16岁少女。

午饭过后,她常会和女伴们在校园内散步消食,这时的堂役爷爷喝着一碗稀粥，就着咸菜馒头不紧不慢地吃着。

于凤至想着自己每天回家，家中的厨子都会备好精致的晚餐，若是她想吃，满汉全席也不在话下。她知道，这个世界本来就没有什么公平可言，有些人像她这样生来锦衣玉食，有些人则像堂役爷爷一样受苦多难。她微微地叹了口气，一个女孩子，心中却忽地升腾起"达则兼济天下"的男子汉的豪情，这在她日后嫁入张家，成为东北的"第一夫人"后完全做到了。

在于凤至的眼中，似乎没有什么阶级观念，她对所有人都以善意相待。一张鹅蛋脸上常常因为微笑坠着两只可爱的小酒窝。但她并不是事事不分青红皂白就折中调和的"好好先生"，她也有着明确的是非观，做起事来雷厉风行，但其中还是以善良为底色的。

有一次，家中的一个小丫头犯了糊涂，在帮于凤至收拾房间时一时眼红，偷拿了她的一副翡翠耳坠。

虽然是个不起眼的小物件，却是凤至的心爱之物，而且价值不菲。也是合当有事，那日凤至心血来潮，穿了一件藕荷色的衣服，想拿这对耳坠搭配，但却怎么也找不见。她仔细回想了上次带它的时间地点，一环扣一环，自己完全没有理由会把它搞丢。那么唯一的嫌疑就是"家贼"，她不愿意怀疑平时与自己朝夕相处的小丫头们，但事情却使她不得不往最坏的地方想。

那日，她还是下定决心，一鼓作气，硬生生地板起脸，问了那个有嫌疑的小丫鬟。小丫鬟做贼心虚，一个劲儿地抖个不停，说话也犯起了结巴。再愚钝的人都能看出其中的蹊跷，更何况是聪明的于凤至呢？

出乎意料的是，凤至并没有大发雷霆，她只是勒令小丫头把那对耳坠还回来。看着堂下小女孩那惊恐的眼神，她恩威并施，答应她不会把此事张扬出去，只说是自己记错了便大致敷衍过去。

她知道，偌大的宅院人多嘴杂，一经散播，这个小姑娘别说是在于府无法立身，怕是整个郑家屯都不敢要她了，况且她年纪小，又是初犯，尚有拯救的余地，又何必赶尽杀绝呢？

但是若不施以小小的惩戒，她怕是记不得这次教训，因此凤至要求她把之后三个月的薪水都上交给她，当然，在于凤至眼里这几个小钱算不得什么，但在这个以此为生的小丫头眼里，也算是个不小的惩戒了。

正如于凤至最喜爱的墨荷一样，她淡雅、善良，却从最质素的底子中绽放了最浓烈的色彩。

故事的另一端

这边,于凤至一边上学,一边对素未谋面的夫君心心念念,而那边,方过束发之年的张学良对未婚妻却不屑一顾。

良人不良,何其悲也?

与于凤至从小所受的传统教育相反,张学良喝的尽是洋墨水。家庭教育的分歧,使二人本身就打上"不般配"的标签。

只上过一年私塾的张作霖,不仅要让他的儿子成为厮杀于战场的血性汉子,他还要在孩子们身上实现以文闻达于天下的愿望,尽管他本人并不是什么知书达理之人,但对于长子张学良,他可谓是倾尽心血,不遗余力。

和许多传统中国父母一样,财大气粗的张作霖还是相信老底子的教学方式,他特地请来当地的鸿儒来家中坐馆,对张学良进行儒学启蒙,并且教授经史子集。但出身于军人家庭的张学良,怎么可能像凤至那样,安安静静地坐在小板凳上听老师演讲呢?

他遗传了张作霖身上那股叛逆劲儿,儒家那套顺天应命的中庸礼教每次一传到他的耳朵根,便被他呼的一下子吹到天边。

因此,尽管平时父亲恩威并施,家教甚严,但玩心大炽的张学良还是会想方设法和伙伴们跑到父亲的兵营去玩,看教官们演战可比呆坐在椅子上念"之乎者也"有趣得多呢;胆大包天的张学良甚至会对老师恶作剧,当他看到平时一本正经的老师惊慌失措的样子时,这顽皮的小家伙都会忍不住笑出声来。

就这样,他度过了生命的前十一个年头,那与他八字不合的传统教育也未在他身上打下深刻的烙印。他与于凤至的第一个巨大的分歧就这样产生了。

1911年的辛亥革命,是上天给张作霖的一次一举成名的机会,机警的他适时地铲除了当地的革命党,成为当时最有影响力的军阀之一,小庙容不了大菩萨,张作霖也带着一大家子人浩浩荡荡地搬去奉天,也就是现在辽宁的省会——沈阳。

当时的东北是兵家必争之地,不仅欧美列强对此虎视眈眈,就连日本这只有弹丸之地的小国也想在众虎口中分一杯羹。张作霖所定居的奉天更是当时东北政治经济的中心,而且称得上是比肩于上海的国际性大都市,其繁华程度也丝毫不亚于人口纷杂的天津卫。

光怪陆离到足以使一个乡下老太爷猝死的城市,却使年轻的张学良大开眼界,比起呆板无味的儒家学说,他更喜欢这五彩缤纷的生活。可以想见,当张学良从马车中探出那颗圆脑袋,看着使人眼花缭乱的霓虹灯在眼前闪过时,会发出怎样的惊叹。

张作霖作为彼时的"当红炸子鸡",其府上自是门庭若市、人声鼎沸。但他并没有因此扬扬自得,并未松懈对子女的教育。而且他清醒地意识到时代变了,土墨汁写不出字儿了,该适时地给娃儿喝点洋墨水了。他端坐在他奉天张府后跨院厢房的太师椅上，捻着标志性的八字胡，细细地思忖着当下的形势。

奉天地界儿不敢说十有八九，至少有一半都是高鼻深目的外国人。若是各人谨守脚下土地，井水不犯河水也罢，但当今事态容不得中国人在自己的地盘上自说自话，若不跟这些人"礼尚往来"，张作霖怕是难以常保"东北王"之名。

但让他这个年近半百的军阀头子学说洋文，实在是比登天还难，谨慎的他又不敢将什么事都托付给翻译，再加上自己的二太太已经不止一次让他送张学良去学习英文，因此，张作霖一拍大腿，就将自己的小六子送入了西方文化的世界。

就这样，张府的坐馆教师从儒家学者变成了西学名士。相比于以往，这次张学良竟然安安分分地钉在椅子上，学起 ABCD 来。

日子一天天过去，原本贼头贼脑的坏小子已经长成了身骨健朗的翩翩少年。天生的圆脸使他还保留着儿时的稚气，但逐渐高丰的隆准，日益深邃的双眼，还有那像极了其父的八字胡，都预示着，他是一个大人了。而这几年，他的英语水平也不断提升，使他成为张家上下第一个懂洋文的人，这也为他进一步深入西方文化大开便利之门。

与许多中国青年不同，张学良总是身着一身黑西装，脚蹬一双黑皮鞋，手执一根文明杖，频繁地出入于基督教会所举办的各种活动。

另一方面，他还频繁出入于洋人聚集的社交场合，比如由英国人举办的演讲会，美国人发起的国际比赛，等等。

他为这种自由、健康的生活方式所吸引，他一面学习西方文化知识，一面向外国友人学习演讲，打网球，开飞机。

因此，当他听闻父亲要让他娶那个什么"凤命千金"时，他的内心是拒绝的，他不明白为什么到了那个西学大盛的年代，父亲还要被一个算命瞎子的话牵着鼻子走，他难道没想过那个女子可能还缠着小脚吗？什么知书达理，不就是"三从四德"？读的尽是些酸腐之书，难道要娶进门来当女孔子，每天起来朝着她三叩五拜？这真是天大的笑话。

张学良耳濡目染的不仅仅是西方的文化方式，更是他充满着绿林气息的家庭氛围。诚然，受过新式教育的张学良自然受不了家中的乌烟瘴气，但毕竟从小在此间长大，他多多少少还是受到了此种环境的影响。

张作霖出身草莽，尽管搬进雕梁画栋的豪宅居住，跻身上流社会，但还是不改以往的胡匪习气，除了原配赵夫人外，娶进门的姨太太的就有五房，更别提养在外宅的女人了。特别是三姨太戴氏，还是他用尽一切手段从其丈夫手中抢来的。

张学良年幼丧母，父亲又一身草莽气息。尽管在外人看来，张学良穿金戴银，吃香喝辣，好不快活，而且他作为一代枭雄之子，即使早年受了些奔波之苦，但未出几年，他便是溜须拍马之徒前呼后拥的帅府大公子了。

但只有张学良自己尝得到这个身份所带来的苦楚。

他的生母赵春桂于张作霖落魄之际委身相嫁，之后还帮张作霖物色侍妾，平时亦宽容待人，口无恶语。但在与丈夫共患难近十载后，却无缘得享帅府大太太之荣，在辛亥革命张作霖发迹后便猝然而逝。

没有母亲，家的意义便无从可寻。张作霖也不是情感细腻之人，军人出身的他将部队中的那套搬到了家中，他为每个人都制定了严厉了的律法，"十准""十不准"，无人可以在张家随心所欲地生活。

每当年幼的张学良仰视着高高在上的父亲，看着他两道凌厉的剑眉直指苍穹，一对鹰眼凛凛生光，他心中只有敬畏，而极少产生亲近之情。

他常常忆起小时候，每次顽皮打闹被父亲发现时，母亲总会第一时间过来劝慰。她会把挨了打的小学良抱在怀里，用粗糙的袖口帮他揩去委屈的眼泪，她轻轻地摇着他，安慰着他。她见过张作霖最落魄、最卑微的样子，深知他的烈性与软弱。赵夫人将丈夫为人父的苦心向小学良细细述说，希望他能理解他、宽容他。

母亲柔和的话语混着粗布麻衣上淡淡的浆洗味儿，将他轻轻托起，变成了蒙蒙的晨雾，萧索的庭院出现了窸窸窣窣细芽破土的声音。委屈的泪水在红扑扑的脸上滑落，但他却听见了花开的声音。

但母亲还是走了，剩下的是一丝不苟的父亲，几个姨娘以及一大帮庸碌的仆人。

这样的家庭环境使张学良的婚恋观极为扭曲。他一方面想要有一个亦母亦妻的女人给他以家的温暖；一方面又希望能在百花丛中寻找狩猎的快感。而心性未定，又深受西方文化影响的他此刻更倾向于后者，但这世上更多的却是事与愿违。

又是那个堂皇却压抑的后跨院厢房，张作霖把玩着一张庚帖，他的脸一半隐在阴影里，垂首立在阶下的张学良用余光揣测着父亲的心事，却只见其右半脸的胡子在空气中微微震颤，房间中只剩不解与沉默。

当父亲慢慢挤出"你也老大不小了……"这句话时，张学良心下一沉。打从进了房间他就预感到父亲会说什么，此言一出，之前所有不祥的猜想全部证实了。

张作霖将张学良试图一笑忘之的可笑婚约重新提起，并且早已让军中通晓算命之术的包瞎子算了二人的生辰八字，结果为大合之相，这让张作霖喜出望外。

张学良想试图说出内心的想法，打消父亲脑中那些可笑的"凤命虎命"之思，但固执的张作霖又怎么听得进儿子的那些心里话？他知道张学良喜欢的是那些主动奔放的洋派女子。若是由着张学良的性子讨了个洋派媳妇进门，那张学良如何安心于事业？

而且，他深知自己儿子也不是什么省油的灯，小脑子里尽是些花花肠子，两个高喊着"自由民主"的年轻人一结合，张学良以后若是要讨个小老婆，可不得后宫起火？因此，他的儿媳，必然是得像他已逝的大夫人那般肚量的中式女子，方能治内有方。

阶下的张学良还是偏头偏脑、一脸抗拒的样子，张作霖只得作一让步，若是张学良肯娶于凤至进门，之后他在外面怎么花天胡地，他这做老子的一概不管。这一妥协也为于凤至婚后的悲剧埋下了伏笔。

张学良看话已说到这份上，父亲大概是不会再作出任何让步了。他垂首无言，叹了口气，轻轻答应一声便退出了房间。

房门应声而关，张作霖面部的肌肉一下子松弛下来，隐隐约约显出了不胜世事的老态，他将那张庚帖放到烛光前细细地看着，好像出了神。他自言自语着，这凤姑娘，大概跟学良他妈妈很像吧。

房外月光如水，凄清的圆盘散着冷冷的光，对这 15 岁的少年，说不上是同情还是嘲笑。张学良自然是不想成婚的。

他的西方朋友必然会嘲笑他吧。他的脑海里映出一张张夸张的嘴脸，他们睁着圆咕隆咚的蓝眼睛，张着大口向他跑来，他仿佛都能听见他们每个毛孔里的笑声；那些中国青年大概也会对他嗤之以鼻……

张学良猛力地晃着脑袋，尽管已是惯见世事，但他还是十分在意别人的看法。他不明白父亲为何一定要让他娶这样一个女子？为何不能倾听一下子女的心声，为他们的幸福多作一些考虑？

他看到心中一干理想女孩的身影在慢慢消散，取而代之的是穿着宽袍大袖、眼神呆滞的传统中式女子，尽管他和于凤至素未谋面，但在张学良心中，她早已是这样一个出土文物般的腐朽形象。

而且，更让他气愤的是，他居然不敢反抗。什么将门虎子，什么帅府长子，什么少年才俊，临到婚姻大事，他居然就这样答应了下来。

几日过去，张学良一直在外奔波，他极力找借口推脱这桩婚事，但父命难违。他还是在 1916 年新年的鞭炮声中，一脸懊丧地踏上了去往郑屯的路。

两条注定要交汇的命运

无常的世道无法冲淡过年的气氛,临近腊月的郑家屯到处张灯结彩,村民们都喜气洋洋。

于凤至在众女眷的簇拥下来到市集挑选新衣服,因为她的未婚夫就要来镇上见她第一面了。女孩子们七嘴八舌说着,她们一张张利嘴将端庄的于凤至打趣得满脸绯红,恨不得找一个地缝钻进去。

一行人说说笑笑来到了郑家屯上最大的一家布料店,女孩子们你推我搡,一会挑出匹红的说是喜庆,一会儿又让掌柜挑了匹靛青的,说是显白,左挑右拣,好像是要给自己做嫁衣似的。

凤至退到一旁,由着她们七嘴八舌地挑选,她揣测着他的心思,好像戴着他的眼睛挑着布料。想到在家中怎样与张学良初遇,她的脸烧得更红了,看着都能裁着做件大红袍了。

女孩子们又开始打趣这个准新娘,布店一下子充满了女孩子们爽朗的笑声。于凤至低着头,又羞涩,又甜蜜地笑着。她指着一匹湖蓝色的布,说自己就属意那块了,大伙眼光齐刷刷地望向那匹布,不由得眼前一亮,暗暗赞许着于凤至卓越的眼光。女友们不住地交口称赞着。在这种喜气的时刻，大家是不会说出什么反对意见的，况且，琴棋书画精通、艺术修养深厚的于凤至又怎会落入俗套，挑出一条俗不可耐的布匹呢。

日子一天天地过去，张学良终于禁不住家人的催促，收拾行李，拖拖沓沓地来到了郑家屯。他落户在屯中的一家旅馆，思忖着如何才能躲过这一劫。而此刻的于家，已经为了准姑爷的到来，忙得不可开交了。

起初，于家人还以为新姑爷初来乍到，要稍作休整。但几日过去了，张学良还是一点动静都没有，这明摆着是对于凤至不屑一顾。

一大家子人慌了手脚。此前，张大帅的长子要来郑家屯相亲的消息早已不胫而走，郎才女貌，门当户对，每个人都认为这一婚事是板上钉钉、无可置否了。但现下，于家门口的灯笼渐渐暗淡下来，出入府宅的人脸上也少了些许笑容。

流言似瘟疫般悄然地在于家慢慢蔓延，随之扩散到整个郑家屯，每个人路过于宅前都要指指点点，摇头叹息。垂垂老矣的于文斗每日都闷闷不乐，他想着自己和张作霖如此深厚的交情，他的儿子居然会不顾父辈的情谊，一意孤行，让凤至蒙此大辱。

此刻的于凤至想到自己心意错付，她也不禁心有戚戚，愁苦暗生。但她看着劳苦一生的父亲，为了自己的婚姻大事愁眉不展，整个于家也因此被议论纷纷，再加上张学良这样消极的态度，她也随着时间的过去逐渐打消了起初的那些念想。

她是个柔中带刚的女子，既然张学良看不上她于凤至，将整个于家的尊严视同儿戏，随意地践踏，那她自然也不会对此种纨绔子弟强作留念。她让父亲托人转告张学良，既然他已来到郑家屯，不管出于何种理由，都该来府上作一问候，毕竟她的父亲于文斗也算是他的长辈，如此行事，未免也太无礼？另外，张学良既然不愿与于家结亲，于家也无意苛求。强扭的瓜不甜，他也不必在此拖延时间，早日回去可另谋高枝。

此时，张作霖钦定的媒人吴俊升早已急得团团转，他知道张学良并不满意其父为他定下的这门亲事，但弓在弦上，不得不发，既然都到了郑家屯，张学良必然应该乖乖"就范"。但他没想到的是，这小子还是一股子拗劲，倔头倔脑地带着一帮子狐朋狗友四下里乱逛。

这吴俊升也是当年从沙漠中救出张作霖来的人之一，其时他也是想"坐山观虎斗"，只是碍于老友于文斗的颜面，才不得不施以援手。而后张作霖发迹，他见昔日的落魄统领一跃成为了威震一方的军阀，便转变态度，开始巴结奉承。

对于这门婚事，他是十分上心的。于凤至是张作霖钦点的儿媳妇，又是老友于文斗的宝贝女儿，为了晋升的他又怎敢怠慢？他见张学良这样不温不火，不由得气从心来，但又不能发作，只好连日奔波于两家之间，为这门亲事斡旋，腾挪出可发展的余地。

在于家，他只推说张学良初到宝地，水土不服，偶感风寒，带病之躯不宜见客，因此只能在旅馆中稍事休息；而在张学良处，他又动之以情晓之以理，极力渲染于凤至的美貌与好性子。但前者早已心灰意冷，而后者竟不为所动。

吴俊升无计可施，只得对于家诈称张学良已拟定吉日，将在正月初九上于府相亲。宽厚的于家人一听此言，忘却了张学良前几日的不恭，脸上终于露出了久违的笑容。

但于凤至似乎并未因此展开笑颜。张学良已在郑家屯上逗留了8天之久，但却迟迟不肯上门，她尽管不想深究其中的原因，但凭着她明镜般的心思也能猜得出一二。

于凤至从小饱读诗书，既养成了她温婉如水的性子，但也成就了她刚毅果断的性格。她认为自己并没有什么配不上这个不懂礼仪规矩的将门公子的，而且他的所作所为也未免太为过火。但既然时间已定，她也只得耐心等待，看看这个大少爷究竟是何等模样。

次日，于府上下张灯结彩，家人们从一大清早就开始杀鸡宰羊，预备家宴，准备款待未来的姑爷。张学良理应早早地就来到于家，拜见于家长辈，然而一直到日上三竿，于府的大门迟迟未出现张学良的身影，欢乐的喜宴一下子蒙上了一层阴影，于文斗按下内心的不满，还是招呼忙了大半天的家人吃午饭，然而每一个都觉得索然无味。于钱氏早已忍耐不住，躲进房里哭个不止了。

于凤至此时仿佛与父母转变了角色，她收敛起一腔愤怒，耐下性子宽慰着气苦的父母。父母握着凤至的手，只是一味地流泪，而说不出一句话。

这时，吴俊升急急赶来，送上了一份彩礼丰厚的礼帖。他还是谎称张学良身体不适，无法登门造访。于凤至让父母在房内休息，自己前来接见吴督办。

她接过礼单，上上下下瞥了一眼，若是普通女子，定会为上面的巨额财富所诚服，而顾不得什么尊严，委身下嫁。于凤至看完礼单，冷冷一笑，她又将礼单原封不动地退回给吴俊升。

吴俊升一脸不解，是她嫌聘礼太少？于凤至看出了他的心思，淡淡地向小丫头要了纸笔，大笔一挥，一气呵成地写下了一首五言诗，回绝了这门婚事："古来秦晋事，门第头一桩，礼重价连城，难动民女心。"

那厢张学良得知吴俊升先斩后奏，十分不快，然而也无计可施，躺在床上辗转反侧，闷闷不乐。这时吴俊升一脸懊丧地进了门，将于凤至退亲之意告知张学良，并将那首五言诗给他看。

张学良接过纸条，还未来得及仔细地其中的内容，便被纸上娟秀的小楷所吸引。这20个字柔中带刚，清新俊秀，沉稳中带腾挪之势，没有天分和努力是绝对写不出如此好字的，而细看诗中内容，语意明白，威而不露，虽有满腔怨恨，却寄之典故，出以中和，也是应景应情的佳作。

此事他又想到于凤至不似一般民女，不为价值连城的聘礼动心，受辱时亦知奋起反抗，这张学良隐隐有一种棋逢对手的感觉。

他打算先见见这个不寻常的女子，毕竟张学良也是久惯蜂丛花浪的过来人，一个姑娘光凭学识和性格也是难以打动他的心的。

那日张学良一改这几日来颓唐的形象，郑重收拾了一下，手提见面礼，带着一帮随从，浩浩荡荡地来到于家。

于凤至虽称不上倾国倾城，但也是温婉可人，是个不可多得的美人儿，且兼学识丰富，眉宇间更是有一股睿智之气。她不想让这傲慢的年轻人看轻了自己，于是那日也早早起来，梳妆打扮。

张学良已在厅上等候多时，于凤至方才姗姗来到。

张学良细细打量着款款而来的佳人，其步伐细碎但稳健，毫无拘谨之态，再往上看，又见其体态婀娜，身姿曼妙。待凤至来至面前，抬头对其施以首礼，一双凤眼顾盼生情，但丝毫不流于放荡，一点朱唇鲜艳欲滴，既有少女的纯情，又不乏成熟的风致。张学良已为于凤至的美貌所倾倒了。

于凤至一见张学良，也为他英俊的面貌所吸引，但她还是无法平息前几日的怒气，只是淡淡地以微笑礼貌回应，而不多作一言。

张学良自知理亏，并不以为意，而且他也有意考验于凤至的真才实学，便直截了当地向其索要字画。于凤至心下冷哼，聪慧如她，怎会猜不透张学良的一点小心思？她从房内取出只是平时临习的字画，张学良接过展轴而阅。

只见那几幅字迹与前日所见相同，但又多了几分从容潇洒，自视甚高的张学良，也不得不承认，于凤至的书法造诣的确出乎其上，再看那几幅墨荷，笔力适中，气势开阔，丝毫不像出自女子之手。

张学良从于凤至的字画间看出了她性格中内含的"大丈夫"之气，他万万没想到，理应是一个见识短浅的小镇女子，居然有如此真才实学。此时，他以往所重视的外貌已退居二位，成为于凤至才学的陪衬品了。

张学良对这几幅字画甚是喜爱,便向凤至索要。于凤至从他眼中看到了对自己真诚的赞扬,以前的芥蒂也在慢慢消失,面对着张学良的不情之请,她也爽快地答应了。张学良闻言大喜,遂将随身佩戴的玉佩解下相送。

自小浸淫在古代文学中的于凤至又怎会不知男子送女子玉佩的涵义何在?她见张学良是为一个真实的自己所倾心,而不是迫于父母之命媒妁之言的压力,往日对他的好感又被重新唤起,之前因拖沓而带来的阴霾也一消而散,她抬头对张学良抱以信任的一笑,便双手接下。于凤至也将自己珍藏多年的翡翠鸡回赠给未来的丈夫。

凤至将这块象征着"忠贞不渝,矢志不二"的玉佩作为二人的定情信物,一直珍藏至离开人世的那一天。而张学良身边的翡翠鸡,就不得而知了。

这些都是后话,此刻的二人仿佛找到了一生的挚爱,双方的眼中满满都是深切的爱意。日后已是风烛残年的于凤至在她的回忆录中提起这段美好时光,字里行间也充满了少女般的柔情蜜意。

张学良因为自己显赫的身份和俊朗的外表,俘获了不少女子的芳心。几十年后的他回忆起年轻时候的往事仍有掩不住的得意,毕竟像他这样的条件,是无须主动出击的。然而于凤至却不同,这个比自己大了3年的女人似乎有种魔力,让他着迷。情动于中而行于言,张学良将对于凤至的感情付诸笔端,写下了二人交往后的第一首情诗——《临江仙》:

古镇相亲结奇缘,秋波一转销魂。千花百卉不是春,厌倦粉黛群,无意觅佳人。芳幽兰挺独一枝,见面方知是真。平生难得一知音,愿从今日始,与姊结秦晋。

面对着张学良的真情吐露,于凤至羞报一笑,心中小鹿乱撞。但毕竟比张学良年长3岁,凤至对这门亲事还是不免有些顾虑。未几,她也提笔回赠了同名诗词一首:

古镇亲赴为联姻,难怪满腹惊魂。千枝百朵处处春,卑亢怎成群?目中无丽人。山盟海誓心轻许,谁知此言伪真?门第悬殊难知音,劝君休孟浪,三思订秦晋。

尽管是在"热恋期",但思虑甚深的于凤至并没有被感情冲昏了头脑,在甜蜜的背后,她还是对未来感到了隐隐的不安,这全在这首诗中体现。

张学良从这首诗中读出了于凤至的推脱与不安,他的一颗真心又被远远地推开,焦急的他立马向于凤至表明心迹。

相处中,张学良处处依着于凤至的心意,听从这个小姐姐的话,于凤至的心结终于解开,张学良终于得以用最盛大的形式——婚礼,向于凤至作出最慎重的许诺。

第三章 / 本真・隐藏着的血脉基因

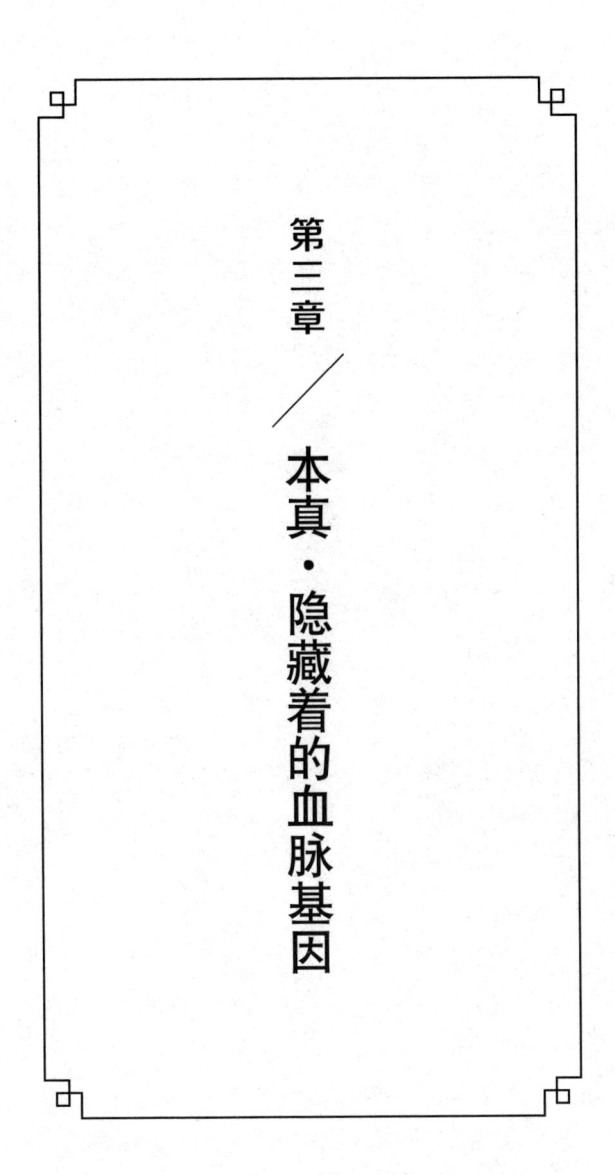

喜乐声声里的纯净眼眸

于凤至与张学良交往了一段时间，二人随着了解的深入，情意也更加的深厚。他们常常一起在案前俯身品评历代诗画文物，也偶尔会为一件作品的真伪与优劣争执，但最后总是以相视而笑为终。于凤至可谓"火眼金睛"，在鉴定真伪时讲得头头是道，张学良听罢不得不击掌称叹，为对方所发的真知灼见所叹服，常常自愧弗如。

每当听到未婚夫的赞扬，于凤至都会两颊一红，尽管她还年长张学良3岁，此时却如一个小女儿般娇羞。

张于二人都出身于大户人家，家中尽是稀世珍宝，二人从《竹兰图》看到《钟馗捉鬼图》，从魏晋看到明清，时空的围栏早已在有情人的世界中消失，他们在艺术的世界中尽兴交流，这是超脱了形体的爱。

当他们分居两地时，张学良总会派人送来自己平时写的小诗，在于凤至面前，他可不敢怠慢，每一首诗都字斟句酌，细细酝酿，生怕为这个才学甚丰的女子所取笑。

于凤至收到信时自是心中雀跃，喜上眉梢。她将信小心地摊开，细细阅读，仿佛能看到张学良傲立于窗前的挺拔身影。于凤至没想到，那个在小镇上晾了她足足8天之久的男人，动情用心后竟然会如此细腻，每首诗的每个字背后仿佛都是他盈盈的笑意、脉脉的眼波。

张作霖见这倔头倔脑的"小六子"终于开窍，喜欢上了自己钦定的儿媳妇，两人现下也是你侬我侬、如胶似漆，不禁喜出望外，急性子的他开始催促二人早日成婚。这对张学良来说，正中下怀。于凤至听到这个消息后也是十分欢喜。

张于两家开始着手挑选良辰吉日，但要在哪里举行婚礼呢？

张作霖想，既然是他最看重的小六子的婚礼，那么必然要在奉天城中的最好的酒店，邀请各界名流，热热闹闹地办上一场。

于文斗夫妇自然也期望女儿在奉天城中风风光光出嫁，但考虑到张学良的母亲早已逝世，婚礼不宜在其居住地举办，而应在女方家的郑家屯举行，不然于小两口儿婚后生活不利。老两口看着大帅兴高采烈地规划着婚礼的细节，实在不好意思说出自己的顾虑，开口提出这个不情之请。

张作霖似乎看出了二老的为难，主动询问。于家夫妇扭扭捏捏地说出了自己的顾虑，出乎他们意料的是，大帅居然十分爽快地应承下来，同意将订婚典礼于郑家屯上举行，于家人喜出望外，保证定然将订婚仪式办得风风光光，绝对不会比在奉天城中差一分一毫。

后来，于凤至回忆起这一段往事仍心存感激，她以为当时订婚仪式和婚礼铁定是要按大帅的意思在奉天城中办了的，但没想到，他居然如此看重他与父亲于文斗的情意，看重她这个未来的儿媳妇，答应了自家的请求，并且还千叮咛万嘱咐，让同是郑家屯人的手下吴俊升不可怠慢，好好帮助于家操办订婚仪式。后来，于凤至为丈夫之自由奔走呼告几十年而不悔，也是为报大帅的知遇之恩吧。

1916年秋天，张学良和于凤至在郑家屯的吴宅举办完订婚仪式后，正式婚礼的步伐也越来越近，两家人都在为这天大的喜事操劳奔走。

于家请来了当地最好的裁缝，为女儿制作嫁衣；请来了最好的金银匠为于凤至打造婚礼上的首饰。于文斗细心列着嫁妆的清单，大到商号土地，小到耳环手镯，一应俱全，他既要让女儿风风光光地出嫁，又让她毫无后顾之忧。

母亲收拾着一件件珍藏多年的体己物，准备在于凤至出嫁那天让她贴身带着，女儿出嫁了就不能像在家中那样随心所欲，况且张家人多嘴杂，刚嫁进豪门的于凤至要如何立稳脚跟呢？母亲作为一个过来人，总是考虑得如此细致，人寿总有尽，父母总有离开的那一天，于钱氏希望这几件体己物事能陪伴着于凤至走完今后这一生。

这几天，沉稳的于凤至心中也开始泛起了忐忑之情。尽管她对张学良充满了爱意，二人也并非全凭父母之命而勉强结合，但她内心总有股隐隐的不安在翻腾作怪。她看着家中来来往往、忙里忙外的人们，似乎他们的所作所为与自己毫无干系，她如同一个局外人，在透明的窗子前看着另一个世界的人。临到头，她反而成了这场喜宴中最为理性的一个。

于凤至仔细考量着这场婚事,的确,二人郎才女貌、门当户对,但她有能力拴住张学良的心吗?她又该怎样处理好那么一大家子的关系?公婆、小姑子、小舅子,甚至下人们,奉天大帅府中每个人可都不是省油的灯。

张学良以后必定继承父业,统领东北,她又该如何在事业上助丈夫一臂之力?而且政海风诡云谲,如今的形势又不不稳,众军阀众党派乱哄哄你方唱罢我登场,当权者走马灯似的换了一茬又一茬,汉卿要如何在这乱世中闯出一番事业呢?

18岁的于凤至似乎还不足以承载这么多未知的生活难题,她晃了晃充满了各种问号的脑袋又猛然意识到,想这么多其实毫无用处,船到桥头自然直,这些问题尽可以抛给未来的自己去解决吧。

现在的自己是一个待嫁的新娘,是一个将要迎来人生中最为重要的时刻的女孩,她要做的就是安安静静地等待,等待自己如花般盛大开放的那天。

1916年正月十二,是两家人千挑万选的良辰吉日,喜讯在半年前就已传开,奉天城甚至是周边乡镇的人都在这天早早来到大帅府前,想要一睹将门虎子娶妻的盛况。

只是人们万万没有想到,张作霖的权势已然煊赫到可以在奉天城的省政府为长子举办婚宴的地步。那天的省政府一改平时庄重肃穆的面孔,喜乐阵阵,灯火通明,好似一家高级的大酒店。门口站岗的士兵们一个个军装笔挺,每进一个宾客,每入一辆车都施以一个标准的军礼,人流如潮,但秩序丝毫不乱,俨然大家风范。

此次受邀的不仅仅是奉天城中的政要，连往日张作霖麾下的旧部将也从各地赶来。北京的北洋大臣们，如张作霖的旧日领导徐世昌、赵尔巽等也不远千里地赶来奉天送上自己的贺礼。此等排场已不是一场婚礼，而是一次政要聚会了。

　　其他贺客们也隆重打扮，女士们新烫了头发，穿上了的最时髦的服装，男士们新熨了西装，将皮鞋擦得锃亮，手挽手一道赴宴。每个人都将此次受邀看作一个至高无上的荣誉。办公室被征用成为会客室，大厅中人头攒动、摩肩接踵，到处都是人们的祝贺声、交谈声。每个人都在谈论着新娘子，他们都想一睹她的庐山真面目，究竟是哪家的姑娘会让张作霖如此看重，用这么大的排场来迎娶呢？

　　吉时已到。新娘和新郎手挽手，出现在各个宾客的视线里，他们伸长了脖子，想要一睹新娘的芳容、新郎的风采。越来越近，于凤至的脸渐渐地清晰起来，她正视着前方，嘴角微抿，轻轻上扬，饱满的颧骨上似要飞出一对蝴蝶来，一双水灵灵的大眼睛中满是笑意。

　　人们看着新郎新娘携手走过，纷纷赞叹着大帅好福气，能有这样一对璧人来做儿女。

　　大堂上端坐着两家的双亲，他们挺直着腰板，等待着儿女奉茶。于家夫妇已过晚年，他们看着家中最小的18岁的女儿披上了嫁衣，并且拥有奉天城中众人歆羡的婚礼，二人忍不住热泪盈眶，老两口紧握着对方的双手，有些颤抖，他们不知这种感情到底是喜还是悲，但想到新婚之日不该流这不吉祥的眼泪，便一抹眼角，直愣愣地看着渐渐走近的小夫妇，默默笑着。

一旁的大帅则是一个快性人，想到今天儿子的婚礼堪比国宴，各路名流悉数到场，恭贺其新婚之喜，如此排场，敢问这东北三省中哪还能找出第二个？张作霖忍不住张口大笑起来。而昔日自己婚礼的情景也浮上心头，若是小六子的母亲还在世该有多好？一念至此，心头又生出万千感慨来。

这条路可真长。于凤至内心既紧张又兴奋，真的要出嫁了？她的内心还是有些疑问，从今以后她就不再是于家的三小姐，而是张家的大少奶奶了。身边挽着手的这个人，将要成为自己从今往后一生的依靠，想到这里，她的手暗暗地用了下力，一旁的张学良也转过头来对她心领神会地一笑。于凤至默默地想着，此生定与汉卿长相厮守，绝无二心。

她的眼神坚定而又纯净。

这场婚礼由张作霖和于文斗二人共同的至交东北军阀之一吴俊升主婚，奉系军阀张作相证婚，两位权要发表了婚礼祝词，对新人致以祝福，会场掌声如雷动，欢声笑语回荡在奉天城的上空，经久不绝。

婚礼结束后，张作霖在大帅府摆了三天三夜的流水宴，每日都是高朋满座，宾客盈门，络绎不绝。于凤至虽已有些疲惫，但在喜庆祥和的气氛中，她仍打起精神，将自己最完美的一面展现出来。

她周旋于各个席间，奉酒倒茶，迎客送客，句句得体，事事妥帖，各界名流本就出身不凡，但也都不得不对张作霖这个乡镇媳妇高看一眼，毕竟是大帅钦点的媳妇，果然不同凡响。

这场堪比国宴的婚礼，持续了足足4天之久，而且在它结束后尚有余响在整个东北回荡。街头巷尾，房里屋外每个人都带着歆羡的语气在谈论着，成为了当时的"热点新闻"，传遍中国。而于凤至也一时风头无二，成为了女子们最为羡慕的对象。

就像流星划过之后，黑夜还是会复归于平静。当盛大的婚礼落下帷幕后，取而代之的则是柴米油盐的真实生活。但让于凤至备感欣慰的是，她的丈夫汉卿还是如婚前那般体贴温存。他知她喜欢荷花，便命人在院后的池塘中栽上各式荷花；他知她喜爱写字，便命人买来上好的宣纸和笔墨；他知她生性淡雅，便命人给她做了好几套素净的服装……于凤至在张学良的宠爱下，顺风顺水，如上云端，她深深地体会到被丈夫宠爱的幸福。

再加之公公张作霖也对其信任有加，自从于凤至嫁入家门，他的事业果然蒸蒸日上，张学良的威信也节节攀升。他对这个儿媳妇的关切常常会在不经意的举手投足间表现出来，每次来客上贡了一些稀罕之物，他都会让人送到大少爷房里去。他期盼着这个贵气的"凤命"儿媳能给小六子，能给张家带来好运。

于凤至在出嫁后逐渐褪去了少女的青涩，女人的魅力开始彰显，一颦一笑、一举手一投足都显示出如诗的风情。作为大帅府的少奶奶，她的行为举止也越发地从容、干练，以往尚存的扭捏与羞涩，现在也丝毫不见了。

这是于凤至嫁到张家后最为开心的一段日子，尽管在适应新环境的过程中要承受许多磨合之苦，但因着对丈夫汉卿的爱，对公公张作霖的感恩，于凤至觉得这一切都是值得的。

人人称赞的帅府儿媳

于凤至知道，大帅府不比自家于府，这里人口繁杂，每个人看似和和气气，但内心都有一个打得滴溜转的小算盘。于凤至想，自己在享受着众人宠爱的同时，也得保持清醒，方能在这大帅府上占住一方土地。

首先要面对的就是张作霖的五个如夫人，张学良的母亲在他11岁时便因病去世，在世的几个姨太太都与张学良没有血缘关系，而且她们五个人之间的关系也微妙难言，如何在这几个女人之间转圜自如，便成了于凤至面临的最大难题。

二太太卢夫人，本名卢寿萱，北镇县中安堡东五里姜家屯人，她出生于偏僻村落中的一个书香世家，粗通文墨，知书达理，后在张作霖的原配赵夫人逝世后，被大帅扶正，人称"大夫人"。

卢夫人嫁入张家来是带着几分不愿的，她的父亲是当地有名的私塾先生，颇受人尊重，但张作霖却是一个只喝过几天墨水的粗人，同当时许多父母一样，卢父自然不想让自己的女儿嫁给一个军人做二房，过着朝不保夕的生活。但其见张作霖情真意切，而且其大房赵氏宽宏大度，一力操持，便也无奈地答应了。

婚后，卢夫人与赵氏情同姐妹，无话不说。赵氏既不忌妒卢氏瓜分了丈夫对她的感情，卢氏也绝不轻视赵夫人低微的出身。她们似乎不在乎共享一个丈夫，两人的共同愿望就是盼望张作霖得以步步高升，心想事成。对于双方的儿女，她们也毫无芥蒂，视如己出。因此，赵夫人还在世时，张学良便对这个二妈妈尊敬有加。

1911年，因与张作霖一语失和赵夫人，一气之下搬到新民县杏核胡同旧宅独居，此时，她已病入膏肓、奄奄一息，眼看着就要撒手人寰，卢夫人不顾刚刚生产完的孱弱身躯，赶赴外地，只为送这好姐姐最后一程。

病床前，气若游丝的赵夫人用最后一丝力气，将自己的临终遗愿告诉了卢夫人。她希望寿萱可以替她将三个孩子养育成人，帮助张作霖持家教子，使他无后顾之忧。卢夫人泪眼滂沱，自然毫不犹豫地一口应承下来，往后的日子里，她也践行承诺，尽心尽力地将赵夫人的三个孩子抚养成人。

特别是张学良，她深知这孩子是大帅府未来的希望，因此更为精心地培养。毕竟是读过书的人，卢夫人深知教育对一个人成长的重要性。她敦促大帅为张学良请来最好的老师对其加以教育，她紧跟当下的时代热潮，督促张学良学习西方文化，学习英语，这才使得他日后成为一个略懂英文的儒将。

张学良对这位继母感情甚笃，视她如亲生母亲一般。在于凤至嫁到张家后，张学良便对她言说了卢夫人这些年来对他的关怀，与他对她深切的感情，并叮嘱于凤至一定要像对待婆婆一样敬奉她，安排好她和女儿怀英的生活。

于凤至自然满口答应。她第一次见卢夫人时，便隐隐有一股亲切感在心中跳跃。卢夫人眉如弯月，两眼常带着暖暖的笑意，看到她，总让凤至想起郑家屯的母亲。她打从心底里对卢夫人充满好感，想像一个女儿一样爱戴她、照顾她。

大帅府的女眷们总是空闲的时刻的居多，严厉的大帅为防止后院起火，甚至不许姨太太们聚众闲聊，互通有无。

于凤至便时常派人提着一篮子精美点心，到卢夫人房里闲话家常，陪她消磨时光。夏至之时，于凤至会周到地准备好消暑用品，送给卢夫人，冬来之时，她会提前去布庄挑选布匹皮毛，为卢夫人母女制作冬衣。每逢佳节，于凤至都会贴心地带上卢氏母女上街游玩，逛街散心。可谓是面面俱到，滴水不漏。而且于凤至对于卢夫人母女的关切皆出自真心，丝毫不做作，真是难能可贵。

对于张作霖的其他几房的太太，于凤至也恭敬有加，分毫不敢懈怠。三夫人戴氏是张作霖威逼利诱娶进门来的，她心性孤傲，妩媚冷艳，最后因与张作霖失和遁入空门，英年早逝。于凤至深知这女人心内的苦楚，而且这个"婆婆"也比她大不了几岁，性格温厚的她让三太太总能在这个冰冷的大帅府中感受到人性的温暖。

四太太许夫人出身于天津教坊，但为人独立，颇有见解，张学良得以摆脱私塾，进入西式学堂，接触广阔世界，还有她的一半功劳。

五太太寿夫人是张作霖最为宠爱的侍妾,还让她担任家中的管事。寿夫人出生于军人世家,尽管是外室所生,但从小耳濡目染,亦颇有大家闺秀之姿。她对年幼丧母的张学良也给予了关爱,凡事尽心尽力,将他抚育成人。

这两位夫人皆聪明伶俐,颇有识见,做事也雷厉风行,略显强势,而且五夫人对张学良也有养育之恩,再加上于凤至刚嫁入张家,地位也不稳,因此,在她俩面前,于凤至便做小伏低,事事顺其意而为之,自然也讨得了她们的欢心。

马氏从小家境贫寒,家人为生计将其卖至青楼,最后被张作霖挑中,一顶花轿抬进了大帅府。于凤至对这位与自己年龄相仿的"婆婆"充满了同情,每次与她交谈之时,二人都心无芥蒂,推心置腹。未过多久,马太太就被这个新媳妇"收服"了。

识人精准而有温厚宽厚的凤至摸透了几个"婆婆"的性子,巧妙地游走在这五个女人之间,口不言人臧否。在与凤至交谈时,每个人都如沐春风,心情舒畅,因而,她深得五个太太的欢心,她们个个都称她富有识见,对她赞赏有加。

光是游刃有余地处理好与五位"婆婆"之间的关系就让大帅府上的所有人刮目相看了。张作霖见于凤至才嫁进来没多久便适应了为人子媳的角色,自忖着果然没有看错人。张学良见凤至能处理好"婆媳关系"这个千古难题,而且对自己视如母亲的卢夫人关怀有加,他对她的敬意更深了。

不仅如此,嫁入张家后的于凤至安分守己,勉力做张学良的贤内助,尽管张学良常常会将自己军务上的难题与凤至探讨,询问她的意见，他深信这个女人是有识见的。但于凤至从来不会主动插手男人的政事，饱读诗书的她早已深知女人参政的危害，她以史为鉴，安分地在自己的领域内将分内之事做到最好。

于凤至的干练从容、深识大体颇得大帅欣赏，张作霖琢磨着当年受于家恩惠颇深，如今他已权势盖天，东北无人不仰其鼻息，就连皇城根下的北洋大臣们也不得不对他礼敬三分，现在是偿还这个恩情的时候了。

他将于凤至叫来面前，意图将于文斗这个老兄弟提拔至城内，授予他奉天富裕董事长一职。要知道于文斗所任的最高官职不过是小镇的商会会长，不管他的商业帝国有多庞大，在张作霖眼中也不过是九牛一毛，而大帅这次授予的官职相当于让他进入奉天的经济圈中心，执掌金融命脉。

于文斗心想，自己何德何能能担此重任？因此他便以年老不胜重负婉言谢绝了，但无奈张作霖只当他是谦虚退让，便再三邀请，他实在招架不住老友的热情，只得求助女儿于凤至。

于凤至其实也并不想让父亲接受这一职位，她不想让外人认为于凤至攀上了高枝，就肆无忌惮地揽关系，为自家大开方便之道。自古以来有多少女人凭借着丈夫的关系，极力让娘家一门显贵，但最终落了个人亡家散、门可罗雀的处境呢？

于凤至思虑再三，将其中的利害关系反复考虑，对大帅加以呈说。她条理清晰，讲得头头是道，张作霖父子听后深以为然，无可反驳。最后她又晓之以理，动之以情，念及大帅与父亲的情谊，希望大帅能够尊重老父的意愿，而且老父身体确实不适，难以担此重任。

最后张作霖只得将此事作罢。但他丝毫没有怪于家父女不识抬举，反而为于凤至的深明大义所折服。张学良一想到那日于凤至端坐堂前，不卑不亢地将条条理由细细申说，而且大多是从张家的利益出发考虑，这让他也十分感动。

于凤至的得体举止使大帅府上上下下都对她钦佩不已，然而谦虚的她还对自己有所不满。

张学良虽接受过传统教育，但他打从随父进入奉天城以来，喝的就是洋墨水，传统教育在他身上的烙印并不深，而于凤至自幼接受四书五经、诗词歌赋等中国传统教育，进入奉天女子师范学校后主修的仍是教育专业，所学的与之前所受的教导并无太大区别。

当她嫁入张家后，虽然新婚燕尔，丈夫对自己事事顺从，但是凤至仍感到两人之间有一条不可见的鸿沟。她对二人的成长环境加以深思，知道是在教育这一环上出现了问题。

平时，张学良会在父亲的安排下进入军营，跟着经验丰富的将领们南征北战。张作霖一直相信只有实践才能让一个军人成长。的确，张学良在一次次历练中不断进步、成熟，他的西学背景为此大大助力，全新的战争理念使之一跃成为同辈人中的佼佼者，大将的锋芒也隐隐初露。

因此，即使已经贵为大帅府的大少奶奶，于凤至还是毅然去往东北大学进修。她知道文物字画只能作为闲常的消遣，吟诗作对也只是兴起之时偶尔为之，女之耽之，尚可说矣，士之耽之，那就"不可说矣"了。

于凤至知道她的丈夫是怎样的人,也知道他日后将会成为怎样的人。

张学良虽然羽翼未丰,但他还是有满腔的爱国热情,在进军中原这件事上,他和父亲产生了分歧,他并不赞同父亲自立门户,而是极力推进中国统一,只有统一了才能将外国侵略者赶出中国的领土。于凤至自然对丈夫的理想大为支持。她努力要让自己配得上他,要在他说出任何一个新名词时都能毫无障碍地与他对上话,要在他为公务烦恼之时为他排忧解难。

怀揣着这样一颗真挚的心,于凤至不辞劳苦,每天在家务之余都要匆匆赶至东北大学学习知识。她不仅补充国学知识,还竭力学习西方文化——不管是西方的地理历史,还是那里的军事技术,她都像一个小学生似的,在课上认真记着笔记,碰到疑难还会向一旁的同学或者老师请教,学得好不认真。

尽管她已吩咐随从一定要低调,不要显露她的身份,但此事还是被多事之人传扬出去,大家都在诧异,于凤至已经有了如此显赫的身份,为何还要前来上学而不在家里安享清福呢?于凤至这时都会微微一笑,对众人的质疑不加理睬,继而低头写字。

举家上下都为于凤至此举所震惊。大家都知道于凤至学富五车,她的丈夫张学良都要自愧不如,如今她居然还要去东北大学进修,实在令人钦佩不已。

经过坚持不懈地学习,自小聪颖过人的于凤至已可以和张学良进行简单的英语对话了,在丈夫高谈阔论当今局势时,她也能跟上思路与之讨论。张学良没想到，这个小镇女子居然有如此魄力，能为了他重新打造自己。他注视着妻子望着自己的深情眼波，张学良的心中充满了感激。

于凤至的身上又出现了百年前于家祖先在陌生的土地上不畏困苦、奋力劳作的影子，但他们是为了生活；而她，是为了爱。

善良与柔弱

那场盛大的婚礼落下帷幕后,张学良和于凤至也回归了正常的生活。但真正与于凤至以夫妻之名相处后,张学良开始觉得这段关系中有一些难以言说的不对劲,他调转面容,不动声色地慢慢审视起这段感情。

的确,初见未婚之际,他对于凤至有过那么一段不长不短的乍见之欢式的爱情,他也曾为她的才学和美貌所着迷;一起生活了这些时日,也尚可说是久处不厌。但这里面似乎少了一些爱情的迷狂与艳丽,其中更多的则是敬服和疏离。

在张学良眼中,于凤至生来就是这样端庄成熟,她似乎从来没有在他面前显现过少女的炙热与激情。她的诗总是那样整饬端正,她的画总是这样淡然素雅。他漂浮在她如海的胸怀之上,轻飘飘的,没什么需要顾虑,但每当翻身向下看,注视着他的却是一片幽暗的深渊,他几乎看不到她内心的波澜。

当他看见于凤至为了他重进大学课堂,研习西学,他更多的是敬佩而非感动;当他看到于凤至轻巧地周旋于大帅府这个暗流涌动的小社会中,并赢得众人肯定时,他更多的是赞许而非心疼。

当他看到于凤至口吐莲花，为于文斗推脱其父所要授予的职位时，他更想做的是叫好，而非给予一个理解的拥抱。自然而然地，张学良也每每会将事业上的问题与她讨论，好像于凤至是他的良师益友，而非一个妻子。

举案齐眉、相敬如宾的理想婚姻背后，却是秋夜冷月般的隔膜与疏离。

于凤至永远像薛宝钗一样，通情达理，顾全大局，她的爱是理解、是包容，是白玫瑰式的纯洁与淡然。但正如于文斗婚前所担忧的那样，张学良毕竟少年心性，他无法理解这种堪比母性的爱，彼时的他所追求的是林黛玉式的不食人间烟火，是史湘云式的天真烂漫醉卧花荫，是红玫瑰式的浓烈与奔放，是可以将他的身心一股脑地席卷至天边的馥郁的爱。

那些日子，张学良在于凤至面前时总是心不在焉，人一旦有了思虑，便不再笃信不疑。思之于内，言于身外，张学良开始在不经意间喊于凤至为"大姐"。

初时，于凤至尚且觉得这可能是小丈夫一时兴起，只作调侃待之，并未往心里去。但张学良似乎在这个称谓中明白了自己对于凤至的真实感情——一个弟弟对于一个温柔、宽容的姐姐的依赖与赞服。

张学良慢慢地将他对于凤至的这种感情与对女人的爱情区分开来，那颗刚刚安定下来的心又开始不自觉地躁动，父亲婚前的许诺又隐隐在耳畔想起。"大姐"这个称呼也逐渐代替了"凤至"，成为他对妻子的专有称谓。

心细如发的于凤至感受到了丈夫对自己态度的转变。她也隐约猜到了其中的原因。被夫家认可的喜悦还未持续多时，丈夫口中一声声的"大姐"便浇灭了于凤至内心刚刚燃起的热情火焰。

结婚才仅仅不到一年，丈夫对自己的热情便逐渐冷淡下来，那以后的几十年呢，他又回以何面目来对待她呢？于凤至开始质疑起自己来，以往的所学，今日的所为，它们的意义究竟何在？

然而在白日里，于凤至还是得强颜欢笑，扮演好张家长媳妇的角色，每次回娘家探亲，也得带上幸福的笑脸，让父母兄弟宽心。但到了深夜里，二人相背而卧时，于凤至总是想象着张学良宽阔的背影，心中怆然，黯然叹息。这年长的3岁似乎成了她的原罪，使她终生无法享受爱情的甜蜜，然而那时的她才不到20岁啊！

于凤至的心渐渐地冷了下来，她也开始用疏远的态度对待自己的丈夫。然而张学良却并未对此作出过多的表示，可能这是他故意地视而不见，或者是情场老手惯用的"欲擒故纵"？于凤至思绪万千，她想一改以往端庄的形象，变得妩媚动人以获得丈夫的欢心，但江山易改，她这随了她近20年的性子又怎么可能在朝夕之间改变呢？况且，她自小是瞧不上风尘轻浮的女子的，这在她晚年对赵四的评价中可见一斑。

于凤至最终还是原谅了丈夫对自己的疏离，她狠不下心来对丈夫"横眉冷对"，也没能咬咬牙，突破心理防线，将自己浓妆艳抹，打磨得更加风情万种。她将一切归咎到自己那多余的3年，承担起婚姻生活中所有的不公，并选择用自己的方法去赢得丈夫的欢心，于凤至一如既往地用一颗温婉如水的心去拥抱张学良。尽管，这与张学良所追求的背道而驰。

日子就这样平淡如水地过着，张学良虽然对妻子心有芥蒂，但在表面上还是和以往无异，他事事征求妻子的意见，并且将家中的任何事情交给她做决定，但这种由客气支撑着的貌合神离的婚姻生活让于凤至更难以接受。但既然已经嫁入张家，她就要接受这个宿命，况且还有一项更重要的任务在生活前头等着她。

那时，于凤至回娘家，家里头大大小小的女眷都会旁敲侧击地问她是否有喜，于凤至总会害羞地摇摇头。

而做母亲的，总是对儿女的心思了如指掌。

看透世事的于八奶奶知道张学良这样的将门子弟的脾性，她明白女儿婚姻生活中的难言之隐，也看透了她欢笑背后的伪装。于凤至常常都想将自己的委屈一吐而出，但为了不让两家因此失和，也为了不让父母担心，而将苦水往肚里吞；于八奶奶见于凤至不说，也知其心有苦衷，因此也只得摸着她的手，怜惜地看着她。

于八奶奶也深知如此下去不是办法，在无人处，她常劝于凤至要察言观色，赶紧给张家生下个一儿半女，有了儿女的牵绊，张学良这个做父亲自然也会有所收敛，对她的感情也会慢慢转变了。

这些话不仅是母亲在说，张家的女眷们也是如此。她们都像历经世事的过来人一般对于凤至灌输着这个最高真理。于凤至听时都会认真地点头，对她们的经验表示同意。但她内心却对此举的意义一清二楚。

公公张作霖一共娶了六房夫人，生养了十四个子女，即使已无传宗接代之忧，但他还是没有停止对女色的追逐，这六房夫人，他自是对贤惠美丽者多施予了一些关注和爱意，但这又能代表什么呢？像他们这样的男人是用什么都捆不住的，在他们身上希求忠贞不渝的爱情无异于痴人说梦，简直是天方夜谭。

但造化就是如此弄人，她所向往的一门一户小两口儿式的爱情，却因为一次战争、一次意外，在她的丈夫和另外一个女人身上实现了。

当下的于凤至，尽管对用生子来挽回丈夫心意的方法不能苟同，但她还是顺从了命运的安排，这是女人的宿命，也是张家长媳的宿命，不管她多能干，不管她多貌美，总是无法逃脱传宗接代这个命运。

况且，张家的男人们也开始各种暗示。张作霖多次在席间表达了对孙子的渴望，他想做爷爷已经不是一天两天了；张学良也或明或暗地表示自己已做好了当爸爸的准备。

果然，男人对于一个女人的爱和自身传宗接代的本能欲望是不成比例的。于凤至觉得自己的处境颇为尴尬，但这又如何呢？她还是得完成一个女人生命中最重要的一项任务。

结婚一年后，也就是1916年，于凤至生下了她和张学良的第一个孩子张闾瑛。当时，张学良的脸上浮现了当年于文斗看见小凤至出生时同样的表情，失望、不甘，第一个孩子居然是个女娃。张作霖心中也有些许不快，但这毕竟是老天注定，人力难改，况且来日方长，不愁没有孙子可以带。

万事尽如人意的于凤至居然在生子这一关键点上出了差错，

要强的她，也禁不住背着人偷偷抹眼泪。

　　于凤至躺在产床上，受到的是最好的护理，丈夫张学良每日也晚出早归，日日陪伴左右，她知道这是出于礼数，是一个男人对于生育最基本的敬畏，并非出于爱。

　　于凤至的心头每天都有一把钝刀在慢慢地割着。她既为自己不争气的肚子懊恼，恨不得赶紧恢复，继续生产，又为自己的处境感到悲哀。但日子总得继续，怀里的孩子尚且嗷嗷待哺，看着女儿可爱的小脸，她那长长的凤眼，一张椭圆的脸蛋和自己如出一辙，母爱便瞬间如浪般涌出。她没有时间自怜自艾，她得为孩子打起精神来。

　　这个大女儿也成为日后她孤苦的晚年里最后的依靠。

　　张闾瑛还未满一周岁，于凤至的肚子又渐渐地隆起，她日夜祈祷着，希望此胎是一个男孩。

　　大概是老天爷心疼这个温顺的女子，在1917年，它将张闾珣送到了她的身边，作为张作霖的嫡长孙、张学良的长子，他自是受到全家上下的宠爱，而于凤至也是母凭子贵，其在大帅府的地位总算稳如泰山了。

　　之后，于凤至好像一棵葡萄树，接二连三地生下了张闾玗、张闾琪两个儿子，大帅府自此后继有人，人丁兴旺，整个宅院充满了儿童的欢笑声。于凤至作为一个妻子的责任也都尽到了。

　　生命的繁壮总是让人难以想到枯败的残局。于凤至不会想到，那个在摇篮中露出可爱笑脸的闾琪会不明就里地离开人世，活泼好动的张闾玗会被一场车祸夺去生命，善良正义的张闾珣会被战争折磨得精神失常，最后郁郁而终。

这些灾难在往后的日子里慢慢地蚕食着她衰败的容颜，侵蚀着她的生命，当她在回忆录中颤颤巍巍地写下"我的年龄和身体已是有早上无晚上的风烛残年了"时，她内心记挂着仍然是那个痴心错付的不良之人，正如年轻时一样。

当于凤至在四年内以平均一年一胎的速度，一连为张家生下四个孩子后，张学良似乎也觉得自己对于妻子的义务已然完成，从此以后，凤至再也没有为张学良产下一儿半女。

张学良还是客客气气地叫着她"大姐"，每当踟蹰不决之际还是会像一个孩子似的来寻求她的帮助；看到孩子他也会露出慈父的笑容，用自己的胡碴蹭他们柔嫩的小脸，逗得他们咯咯直笑。但于凤至心里清楚，他只是把她当作一个可依靠的姐姐，他孩子的母亲，而不是他的妻子。

他活在那个没有她的世界

生死总是相依而生。当于凤至为张家一个接着一个生育后代时，死神早已盯上了这个女人。它不能让世人在生命的喜悦中迷失自己，以为全世界好像只有快乐没有悲哀似的。于凤至的前头，死神正拿着镰刀，悄悄地站着。

已经有了三次生产经验的于凤至，还是一如既往地养着胎，每一个母亲都希望自己能生养一个健康美丽的宝宝，前头已经了有了两儿一女了，她希望这次还能是个女儿，身为家中幺女的她深知作为一个小妹有多招人疼。

她抚摸着高隆的肚子，有时对着里面的孩子喃喃私语，有时则和女眷们一起挑选小衣服小鞋子，好像明天孩子就会出来似的。

时间本应如此不紧不慢地过去，直到生产的那天来临。然而死神已经下定决心，要让这个温婉善良的女人承受不该属于她的苦难。

忽如寒风排天来，孕妇于凤至毫无征兆地得了重病，尽管现下无资料可考，当时于凤至所得究竟为何恶疾，但其确实差点让她和丈夫孩子天人永隔。

大帅请来了奉天最好的医生为她医治，一开始他还认为于凤至有治愈的希望，因而积极地开药治疗。然而吃下去的药好像倒入竹篮的水，原样地进，原样地出，于凤至丝毫没有好转的迹象，病情反而加重了。医生从洋换到中，又从中换成洋，但还是徒劳无用。

家里人个个急得没入脚处。郑家屯的娘家人也是隔三岔五地往大帅府跑。最后没办法，竟然用起了下等人治病用的土办法，做最后一搏。

但最后还是失败了。

于凤至这时已经瘦脱了形，胳膊腿全然只剩一副皮包骨，一个大肚子好像是后来安上去的假物，她的呼吸越来越沉重，越来越浑浊，每天只是出的多，进的少，眼看着一个活生生的人就要这样去了，再念及于凤至平日温婉和善的好性子，家人们每日都抹泪叹气，心下戚戚。

那日，于凤至的母亲看着自己的女儿已然要撒手人寰，而她不满3岁的大女儿张闾瑛每天哭着喊着要妈妈，两个襁褓中的儿子似乎也感受到了母亲的病重，整日里哭个不停。于八奶奶强忍悲痛，冷静地思考着，若是于凤至病重不治，那这三个小人儿就成了没妈的娃儿，照张家的场面，怎么可能让长媳之位空缺？

这后妈不比亲妈，那这三个奶娃娃可得受苦，娶个外人进门，不如就让我们于家自己人来，有着血缘关系，对这三个孩子必然也按亲生孩子带。

于八奶奶把自己的考虑告诉了张学良。张学良知道老岳母用心良苦，而且他自己也是幼年丧母，知道这没妈的孩子要受多少白眼受多少苦，他自然不愿意自己三个孩子打小就没了亲生母亲的庇护。

尽管他对于凤至并没有太深的男女之爱，但一日夫妻百日恩，再加上于凤至为人和善温婉，贤惠聪明，自己对于她的依赖也日益加深，张学良打心底里不愿意看到自己的妻子这样年纪轻轻就香消玉殒。

因此，张学良把自己的考虑也向岳母说出，他认为此举虽然也是不得已之策，但现下于凤至正在病床上与死神搏斗，自己已经想着要娶继室进门，这不是催着她死吗？他让岳母先问过于凤至的意见，而且，即使她同意了，也要等到她真的过世后再说继娶之事。

张学良虽然花心，但也是个有仁有义之人，在于凤至最危急的时刻，他还是愿意坚守左右，不离不弃。

于凤至闻言后似乎打了一剂强心剂，她看到平时对自己只是以礼相待的丈夫，居然有如此深情，即使得了如此重病都忍住没掉几次眼泪的她，这次居然号啕大哭。这些眼泪，冲掉了内心的积郁，冲净了体内的顽疾，冲走了床头蓄势待发的死神，于凤至的病居然奇迹般一天一天地好了起来。

这期间，张学良对于凤至寸步不离，竭尽心力地照顾着这个姐姐，直到于凤至顺利地生下四子张闾琪。

之后，于凤至对此事感念甚深。张学良那时的话语，那时的态度好像成了她婚姻的护身符和保证书，每当张学良在外面花天酒地时，她总会将它们从内心最柔软的角落中拿出来细细回想，细细琢磨，于是所有的不满与愤恨也就烟消云散了。

哪个女人不想独享自己的丈夫呢？于凤至总是这样想着。丈夫"少帅"的身份，已让他们聚少离多，而她的不管不问，让张学良更加肆无忌惮地在外流连，她自己却要面对着大帅府的一家老小，操持家务，教育孩子。

张学良当时的那些话渐渐成了她的龟壳，每当自己的丈夫与其他女人不干不净时，她都要将全身龟缩至此，逐渐，于凤至也就麻木了。

张学良晚年将自己政治军事上的错误略去不谈，只是淡淡地将自己所有的过错归结成一句轻飘飘的诗句：

平生无憾事，唯一爱女人。

的确，张学良在猎艳方面却是一把好手，每次出征或外出学习，他总要寻找几个女子，调剂调剂紧张的生活。

1919年，由于辛亥革命的失败，中国的局势更是变幻莫测：各路北洋军阀在各地混战，每个土霸王都想确立自己的霸主地位；而国外势力的纷纷插手，也使得局势错综复杂起来；而后，五四运动爆发，知识分子用笔杆打着一场没有硝烟的战争，工人阶级也一跃登上历史舞台，无产阶级的星火开始燃烧，中国历史的新篇章也将由此展开。

时任东三省督军兼省长的张作霖，也加快了培养接班人的步伐。因此，已经在部队中服役一年的18岁的张学良在父亲的安排下进入由其成立的"东三省陆军讲武堂"，成为其中的第一期炮兵科学员。

这时,张学良与于凤至已是聚少离多,于凤至知道自己的丈夫并不是池中之物燕雀之辈,生为将门虎子的他必须去更广阔的沙场上闯荡,历练,方才能成就自己。尽管,在此期间,张学良还是会趁着闲暇时刻,与其他女子调情谈天,以作放松。

但不可否认的是,张学良在其中表现优异,尽管是东北最高首领的长子,他丝毫没有在学习过程中表现出不可一世的倨傲,也没有因为自己的身份而偷懒懈怠。他善于言辞,为人幽默和善,在其中结识了不少朋友。其中以其老师郭松龄为最,他毕业于陆军大学,理论扎实,实践丰富,是不可多得的人才。

二人志趣相投,一拍即合,初识便有了相见恨晚之意,交往不久便理所当然地成为了忘年交。郭松龄见张学良"孺子可教",便将毕生所学倾囊相授,这一年张学良成长飞快,为他今后的战场搏杀奠定了实质性的基础。

从讲武堂毕业后,张作霖便马不停蹄地将儿子派上战场,以观成效。

1920年,张学良前往吉林省黑龙江二省平定土匪作乱,大获全胜,声名初显;同年,他又参加了激烈的直皖战争;年底,他的能力为众人所认可,晋升成为陆军少将;1921年,他又被父亲派往日本,观摩他们的军事操练,回来之后,他将日本人的战术安排改良应用于自己的队伍,使之面貌焕然一新,战斗力直线上升。

张学良就这样在各地奔波,每次回家都是匆匆忙忙,直入父亲的房间商讨军事,有时甚至顾不得吃饭,便又绝尘而去。于凤至看着忙进忙出的丈夫不由地心头一紧。这种脑袋别在裤腰带上的差事，最担惊受怕的不是本人，而是最爱他的人。

在张学良第一次出征时，她因家中之事未能与张学良告别，别后匆匆寄去了一封信，其中只有一首情真意切之诗：

恶卧娇儿啼更漏，清秋冷月白如昼。泪双流，人穷瘦，北望天涯搵红袖。鸳枕上风波骤，漫天惊怕怎受？祈告苍天保佑，征人应如旧。

字字血泪，句句情真，张学良一直将此信珍藏。

但作为一个妻子，她最担心的还是丈夫的变心。

于凤至知道，丈夫出征在外，少不得和各界人物周旋打交道，场面上的应酬必不可少，而且张学良又是一表人才，英姿飒爽，主动追求的女子肯定不在少数，她只求张学良心中有她，其他的逢场作戏，她一概略之不计。

但老天往往不从人愿，偏偏要逆人意而行。

1922年，直系军阀吴佩孚对张作霖把持北京政府，一家独大的行为深感愤怒，他挑起战火，第一次直奉战争便在4月全面爆发，张学良被其父任命为东路军第二梯队司令，奔赴前线。

此次战争不比从前的剿匪，调和，这事关张作霖在东北的统治权，于凤至虽为妇人，但深知其中的利害关系，她在家中整日整夜地为丈夫祈祷，每日都提心吊胆。她在为丈夫洗澡时见过他身上的伤疤，纵横交错，好像老家田中的沟壑渠趟，她不求他能毫发无伤，只盼他能平安归来。

但那时的张学良似乎忘掉了家中尚有娇妻为自己牵肠挂肚，他的老毛病又犯了。

在那次战争期间，他因为一次宴会，偶然结识了18岁的谷瑞玉。谷瑞玉出身于没落的商业世家，但凭着两个姐姐的姻亲也得以跻身上流社会，学习英语，结识各路军阀少将。

张学良也是一个不折不扣的感官动物，他为这谷瑞玉婀娜多姿的体态，妩媚姣好的面容所吸引，二人一见倾心，当夜便畅谈甚久。

张学良终究是个情种，他回到部队后依然回味着那次艳遇，对谷瑞玉念念不忘。谷瑞玉也为风流倜傥的少帅迷得神魂颠倒，不能自拔。二人顺理成章地走在了一起。但张学良彼时战务在身，再者也顾忌自己的已婚身份，只是和谷瑞玉暗中往来。

流言从来是不为人禁，不胫而走的。这个消息还是传到了奉天城中于凤至的耳里。她知道丈夫的这个脾性，尽管心中郁郁，但也大度处之，毕竟是战火中的露水情缘，待到战争结束，丈夫依然会回到自己身边。

但于凤至还是错了，她低估了这个小姑娘的热情与决心。1924年，直奉战争风云再起，张学良义无反顾地奔赴了战场。他万万没想到，谷瑞玉这个娇弱的小姑娘，居然不顾生命安危，冒着炮火来到了前线，只为和心上人同甘共苦，患难与共。

没有一个男人能抵挡住如此猛烈的爱情攻势。这场战争让东北军扬眉吐气，也让张学良扬名立万，对于谷瑞玉来说，千万人的尸骨也成就她和张学良一段为时不长的婚姻。

回到奉天后，张学良以及谷瑞玉的二姐夫和部队中的一些元老暗通款曲，瞒着家里和谷瑞玉成婚，成全了烽火中的爱情。张作霖得知后，虽然不满，但儿子也是上行下效，而且人也已经进了张家的门，便也无可奈何地默许了。

于凤至听闻此事，心如刀割，她初时以为张学良只不过是和以往一样，玩心尚重，逢场作戏，但万万没想到张学良会弄假成真，将一个野女人娶进家门。她不明白自己为了这个家辛苦操持，为何会换来如此的结果？以往对于丈夫的牵挂与关心，此刻都成为讽刺的利箭，朝她的心上毫无防备地射来。

但此时并不是自怜自艾之际。丈夫的爱已然失去，那只能紧紧攥住已有的东西了。身为张学良明媒正娶的大房，张作霖的长媳，于凤至必须保住自己在大帅府的地位，至少这个沈阳大帅府，是不容谷瑞玉染指的。

也是对于凤至心怀愧疚，张家父子同意了她的要求，张学良只得在沈阳经三路上另外为谷瑞玉购置了住所，谷瑞玉便作为张学良的外室存在，并没有对于凤至的地位构成威胁。

这场没有硝烟的领地保卫战，算是于凤至胜出了。但这胜利又有何用呢？偌大的府邸容不下她与张学良的爱情。于凤至每天都要强颜欢笑，在这宅子中自饮苦水，而谷瑞玉虽为外宅，却能享受自己的丈夫的爱意和温存。

但这又如何呢？于凤至抚摸着簇拥在她怀中的孩子们，再一次躲进了1919年大病后张学良为她构建的爱情避难所中。

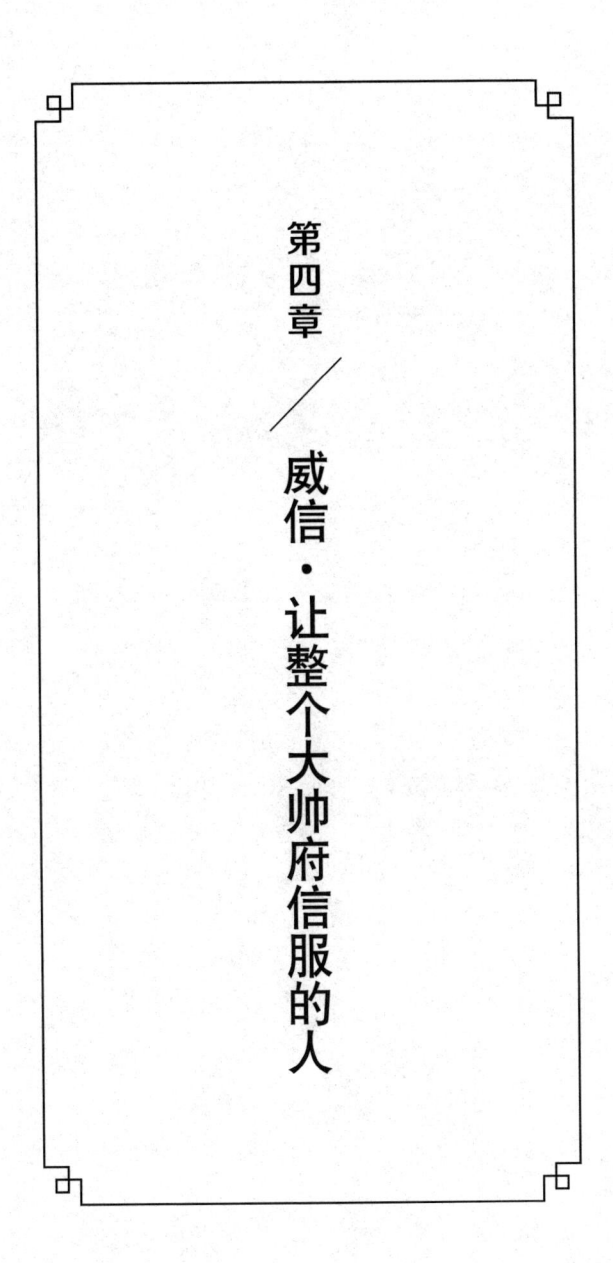

第四章

威信·让整个大帅府信服的人

时光给出的答案

于凤至是张作霖钦点的儿媳妇,一来是为了报其父于文斗的救命之恩,二来是图其"凤命吉祥",讨个彩头。但精明的张作霖最看重的是于凤至的贤良识大体的胸怀。

胸无点墨的张作霖,生平最佩服读书人,他曾经力排众议,让为众兄弟看不起的"秀才"王永江,担任奉天财政局局长。于凤至虽为一女子,但她却比男人还要知书达理,学识丰富,其所知之事、所晓之礼,甚至连张学良见了都要甘拜下风。

因此,于凤至刚过门没多久,张作霖就把掌家大权从自己的五夫人手中转移到了长媳身上,虽然家中的每一个人都对于凤至的贤惠能干有所耳闻,但一进门就掌此大权,大帅府上也实无先例,每个人都不得不憋紧了一口气,看这18岁的新媳妇如何作为了。

胡匪出身的张作霖当时已是全国数一数二的军阀头子,但他治起家来,却十分看重尊卑之序,颇有古人治内之风。他在家中立下了"妻妾不准干政,不许吹枕边风""不许越规违法,不许贪占便宜"等十条家规,而且以身作则地实行着,全府上下丝毫不敢逾越半步。

于凤至嫁入张家后，谨慎恪守张作霖的家规，不多时便赢得了张老帅的信任。彼时，张作霖日日攀升，因而财大气粗的他又重建了府邸。于凤至嫁进来时，新房子已经快要竣工，那么，如何分配好张家几十号人的住处便成了首要大事。这头等大事，张作霖没有交给大夫人卢氏，也没有交给最为信任的寿夫人，而是把它交给了刚过门的儿媳妇。

接到这个任务后，于凤至诚惶诚恐，她没想到，公公一开始就会把这棘手的事推到她一个初来乍到的人身上，她想要推脱却又开不了口，只好硬着头皮应承下来。

全家多少双眼睛都紧盯着这个大少奶奶，于凤至自然不敢怠慢。那几天，她一空下来就往新府邸跑，研究它的布置格局。她还命人把房子的平面图一笔不落地画下来，整日里摆弄。如此反复修改，终于拿出了满意的方案。

她按照"尊卑有序，井井有条"的理念，将传达室、警卫房、厨房等功能性房间安排在一进套院集中管理；二进套院则主要作为张作霖的办公起居场所，浴室卧房一应俱全。张作霖听了于凤至的安排后，十分满意。他见于凤至果然不负己望，第一件事就办得如此出色，便大胆放心地将府上大小事务都交由她负责，而且还为她方便管理，破例允许她在各女眷房中走动。

于凤至不仅治家有方，在商业上也颇具头脑。

毕竟出生于商人世家，于凤至自小便打得一手"好算盘"，自打她进了张家，大帅府的收支开销日益明细，且比之前显得更有效率。张作霖看似每日忙于公务，不问家事，其实于凤至所做的一切他都真真切切地看在眼里。

一日，他将于凤至叫到办公桌前。不明就里的于凤至有些惶恐，还以为自己有什么事做得不尽如人意，惹得老帅生气。没想到，张作霖笑眯眯地拿出一张纸来，上头写着开办煤矿之事。

于凤至不解其意，她不知道这些男人商贸上的事跟她一个女人家有什么关系。办公桌后的张作霖向她说明了本意。原来他是想私人出资 50 万开办煤矿，以扩大资产，保证后勤军资，此事前期已运行得差不多了，连名字都想好了，就叫"益民矿务局"，他已找了王孟冰做督办，而这个业主代表却至今空缺。

张作霖还未说完，于凤至便明白了公公此次叫自己前来的目的。果然，张作霖挑明了自己的意思，就是要让于凤至出任这个业主代表，她作为一代商海传奇于文斗的女儿，必然可以担当重任。

此时的于凤至尽管治家有方，但还未真正参与到商业运作上来，这次张作霖的委任，让她既兴奋又担心。一来，50 万不是一个小数目，万一经营不慎，便难以向张作霖交代；二来，她从小看惯了父亲在商海中运筹帷幄的样子，只是苦于自己是个姑娘家，所以只能埋首书斋，不能和几个哥哥一样，与父亲一同出外闯荡，现下有如此良机可以让自己大展身手，她怎能不心痒难耐？

最后，于凤至还是答应下来，她尽心尽力地经营着第一份产业。在于凤至灯下算账的影子中，我们似乎已能瞥见日后那个叱咤华尔街的女股神的影子。

就这样，于凤至不但全面接手了大帅府的管理工作，还参与到张家贸易的具体运营中来。整个张家都对这个年方二十的姑娘肃然起敬，虽为家中小辈，但其所受的敬重，丝毫不亚于张作霖的任何一个如夫人。而张学良看着自己的"大姐"，不仅治家有术，而且颇具商业头脑，其敬佩之意和依赖之情也日益深厚了。

对于丈夫，于凤至的态度可以用"因为懂得，所以慈悲"来形容。张学良尽管在男女之事上常为人所诟病，但年轻时的他，也确实有着一腔热血和一肚子雄才大略。

特别是认识了郭松龄后，张学良如鱼得水，他意图在郭松龄的帮助下让军队的面貌焕然一新，郭松龄做了张学良的股肱之臣后，果然没有让张学良失望。

当时，尽管张学良还只是一个小小的卫队旅旅长，但他丝毫不因为官职过小而懈怠，反而把这个军队当作他军旅生涯中的"第一桶金"，专心整治。不到一年，该队一跃成为各军之首，原本的绿林风气一扫而光，战术战法愈加科学精进，每个军人军姿焕发，容光满面。即使是在当时的东北军中也赫赫有名。军界大佬都在这个初生牛犊身上看到了一股激烈却又理智的冲劲。

但是，整治军队光靠战术与威信是不够的，这还需要足够的资金支持。张学良尽管贵为东北三省督军的长公子，但实际财权却没有多少。整治军队虽然得到了张作霖的首肯，但为了给他将士们穿上最高档的军装，配备最先进精良的武器，张学良在军队上的支出常常会超出父亲给他的预算。

何处去筹钱呢？张学良想向同辈兄弟们开口，但他们的状况也跟自己的类似；想向父亲开口，但又拉不下这个脸。左思右想，只能再转向自己的"大姐"。

张学良知道，父亲让于凤至在他的企业中入了股，而且于凤至出生于商业巨擘之家，怎么可能没几个私房钱？大姐如此疼爱自己，必然会慷慨解囊，伸以援手的。

于凤至一听张学良的请求，心下甚有怀疑，她吃不准丈夫拿了钱后究竟会去干什么，养外室？捧戏子？在外独自风流不够，还要贴上家里老婆的钱？

于凤至已经被丈夫折磨得十分敏感的脑神经又开始突突地跳着。她睁着一双凤眼，满脸狐疑地盯着自己的小丈夫。张学良一脸无辜，他知道于凤至的性格，她并不是那种小肚鸡肠、眼界狭窄的村妇，只是自己的所作所为太让她失望了而已。他当即耐下性子，向她陈说利弊。

于凤至虽然心下还是狐疑难消，但看着丈夫在自己面前，满腔热血地述说着自己的治军理念，滔滔不绝，似有气壮吞山河之意，一双眼睛闪闪发亮，瞳仁里星河璀璨，她心中另一种感情开始隐隐泛起。尽管自己的丈夫对自己并不是一心一意，但有如此抱负之人，又何必将他拘禁在自己一人身边呢？

当初，刚嫁进张家的时候，父母就跟于凤至说了将门媳妇所要承受的痛苦，她绝无可能过上小老百姓那样一门一户的日子。会有许多女人来跟她抢夺丈夫的人、丈夫的心。那时于凤至和张学良尚是你侬我侬之时，再加上少女情窦初开，她又何曾想过，父母竟然会一语成谶?

张学良一席话讲完,于凤至内心的思绪也渐渐平稳,她转身走到房内的红木大柜前,掏出贴身携带的小钥匙,打开了其中的一个抽屉,她从中捧出一个紫檀木大方盒,从中取出一打奉票,放到张学良手里,她抬头看着他,用眼神对他进行鼓励。

于凤至看着张学良紧握着自己的双手,她对他的一切怨言都烟消云散了。她知道,她要做丈夫的坚强后盾,让他能在自己无法涉足的土地上干出一番大事业来。

此后,于凤至会常常拿出自己的私房钱资助张学良治理军队。不仅如此,她还会亲自去到工厂,为军服、行军鞋等军用物资的制作严格把关。战场上的杀伐决断,是要留给男人们去烦恼的,而事关外在形象的服装制作,则要靠心细如发的女人们去操心。

那段时间,于凤至安排完家中的事务后,每日都会精心装扮到工厂监督军装制作的工作进程。她既有少帅夫人的威严,又有女性的温良平和,工人们见到她来视察,都会更加尽心尽力地工作,丝毫不敢怠慢。一批又一批制作精良的军装,就在于凤至的监管下诞生了。

那日,张作霖要参加阅兵仪式,整个奉军密密麻麻地列满了空地。他一队接着一队地视察过来,为自己能拥有如此强大体面的军队而自豪不已。

当他来到张学良的卫队旅前面时,不禁眼前一亮,每个军人精神饱满,毫无委顿之气,更重要的是,与其他卫队相比较,张学良的队伍更有别人所无法企及的整洁与严肃。张作霖心想，军貌若此，军心必盛，若其奉军皆如汉卿之旅，何愁大业不成？

张作霖脸上不动声色，心下却雀跃欢腾，他对自己的儿子信心更足了。张学良看到父亲不经意间流露出来的满意的神色，深深地松了一口气，他知道有今天之成就，离不开妻子于凤至的日夜操劳、慷慨相助。

他的内心甚至产生了从今往后不再拈花惹草之意，但张学良一意识到自己这个念头也不可置信地摇了摇头，他生来是要在情场和战场上奔驰的，二者缺一不可，要他一心一意守着于凤至是绝无可能的。

但对这个大姐，张学良也是用情日笃，他逐渐无法离开这个一味施予不求回报的母亲一样的女人了。

她的好，超越时代

有人用"温良淑德""贤惠能干"这种词评价于凤至，其实不然。对张学良和整个张家来说，于凤至付出的爱，是一种大爱。这种爱，是超乎个人也是超越时代的。

那时，张学良还是奉天讲武堂中的一个新来乍到的学生，但凭借着将门虎子的敏锐嗅觉，他早已对老师郭松龄注目已久，他要依靠他的力量确立自己在军界的地位。狡黠的张学良知道仅仅只关涉二人的情谊总是略显单薄，若是他张家能和郭家形成通家之好，那么他和老师郭松龄的关系可就固若金汤了。

郭松龄的夫人韩淑秀毕业于奉天女子师范学校，后进入北京协和大学深造的高才生，也是奉天的一个奇女子。她不但学识丰富，且胆识过人。当年丈夫在大革命期间被诬陷遭横祸，韩淑秀挺身而出，快口直言，刀下救夫，被时人传为一段佳话。

张学良思忖着郭夫人与自己的妻子于凤至既是校友，且都是外柔内刚、顾识大局之人，必然能像他和郭松龄那样一拍即合。于是让妻子去接近郭夫人，以此加深两家情谊，当是上上之选。

于凤至收到了丈夫从讲武堂的亲笔信，知道这个弟弟又要给自己布置任务了。她为此感到既焦虑又自豪。她担忧的是丈夫似乎总是将自己当作一个得力的助手，而非妻子，常常分派给自己这些应当让下属去完成的任务；自豪的是，张学良如此信任自己，而她的能力也足够为丈夫的事业添砖加瓦。

读罢信，她便像往常一样，将一切的忧虑从脑中驱赶出去，投入到"贤妻"的角色中，马上按照丈夫的吩咐，命厨师备好符合郭松龄口味的广式饭菜以及各色礼品，又精心收拾一番，便起身往郭宅去了。

不出张学良所料，这两个女人果然一见如故。于凤至见韩淑秀一头新式短发，俏丽干练，眉宇之间隐隐有豪侠之气，心中暗暗敬佩；而韩淑秀见于凤至大方端庄，知书达理，语言熨帖，也是十分欢喜，二人当下便以姐妹相称，携手畅聊，从古时逸事到今日形势，从家长里短，到书文字画，好不畅快。

没过多久，于凤至与韩淑秀已然成为无话不谈的闺中密友，二人的往来也渐渐频繁。那日，韩淑秀按惯例来到张家探望已经怀孕的于凤至，两人聊到了现下的战乱之势，颇为感慨。

成千上万的百姓因为战争成为难民，男人们应征入伍，家中的女人无力抚养孩子，改嫁的改嫁，病死的病死，许多的孤儿流浪街头，在本应坐在教室中接受新教育的年龄，追车逐尘，只为求得一块干硬的馒头果腹。

两人说到此处都不由得眼角泛红。韩淑秀整顿了自己的情绪，向于凤至说到自己正为因战争流离失所的孩子们开办收容所之事，于凤至听后大为赞赏，但她见韩淑秀言及此事时不是语带自豪，而是面有难色，似有不情之请，聪慧的她也已猜出七八分内情。

于凤至知道，郭家夫妇为人耿直，正气凛然，平时绝不会做鸡鸣狗盗之事以获取钱财。而且郭松龄为自己的丈夫整治军队，也贴了不少钱，韩淑秀为开办孤儿院，想必也以投入了大量的资金，二人家中估计也无多少盈余可支，况且还要维持日常生活开支。

想罢，于凤至遂开口安慰韩淑秀，让她不必担心，若在经济上有何困难，只管向她开口明言即可。开办孤儿院是大善之事，岂可因为资金不足而误了孩子们的前途？

听罢此言，韩淑秀心头的一块大石头终于落下，她虽是豪爽之人，不似平常妇人那般忸怩作态，但金钱之事，反而是此性格之人最难以开口之事。她见于凤至如此善解人意，主动化解了她的尴尬，而且不计钱财，愿意解囊相助，更是感激不尽。

自此，于凤至每月都从自己的私房钱中拨出三万奉票帮助韩淑秀开办孤儿院。不仅如此，她还常常为孤儿院的孩子们采办生活物资，更重要的是亲自为他们招聘老师，让他们在战乱之时也能接受教育，如此，这些孩子们方才能在乱世中安于本心。于凤至虽不是孤儿院的开办者，却和韩淑秀一样事事亲力亲为，毫无敷衍之心；在闲常之时，她也会和韩淑秀一起来到孤儿院，探望那些没有了父母的可怜孩子，给予她们家庭的温暖。

毕业于师范学院的于凤至深知教育对孩子、对东北发展的重要性。尽管她居于室内，但却对时事思考颇深。

现下时局不稳,孩子所见已是满目疮痍,若不再让他们在书中看到美好的事物,燃起他们对未来的希望,那他们生而为人的意义又何在?普通人家的孩子不比富家子弟,请得起私人教师,接受最好的教育,能够开垦出更广阔的人生天地。因此开办战时学校,势在必行。

她多次向张作霖和张学良提出要大力发展东北的教育事业,若是像现在这样只是一味地发展军事和金融,是拔苗助长,是本末倒置。张家父子听后深以为然,并让于凤至以张家长媳的身份出面办理此事。

于凤至得到了张作霖的首肯后,欣喜万分。一如以往,心思缜密的她当下着手安排起学校的构建计划,从建筑材料购买到施工人员的挑选,从教师的聘任到名字的选取,每件事都处理得井井有序、有条不紊。

张家人常常诧异,这个二十来岁的小姑娘到底有多大的能耐,既能将大帅府打理得次序井然,又能分出心来,开展公益事业。于凤至面对着众人的赞扬,总是淡淡一笑,将一切辛劳轻描淡写地抹去,只说这都是好事,应当做。

1928年,抱着饮水思源之心,于凤至首先在自己的家乡大泉眼村和怀德县开办起初小(现小学1到3年级)和高小(现小学4到6年级),她知道奉天城中尚且有孩子无法入学,更别提远离城区的乡镇农村了,那里肯定有更多的孩子目不识丁,在田埂间消磨自己的大好时光。

两所初级教育学校开办起来后,村中的父母纷纷把自己的孩子送入其中，众人都在街头巷尾，夸赞着于家生了个好闺女。后来因教育体制的改革，这两所小学被归并为一所，为了纪念于凤至的功德，还是以其姓名为学校命名。

之后，由于凤至开办的学校在东北各地如雨后春笋般兴起，战时物资困难，许多家庭都因为无力负担学费，而让孩子滞留家中。若父母识得几字，便自主教育；若父母也是大老粗，那孩子只能尽日里无所事事，甚至走上歧途。于凤至考虑到了这点，若是在这时候开办学校还要收取学费，那跟没有开又有何异？她大笔一挥，发下"不收学费，免费入学"的告示。

一间间明亮宽敞的教室逐渐被孩子们琅琅的读书声所填满，于凤至知道自己这段时间来所付出的辛劳都是值得的。尽管后来，这些学校都因为各种各样的历史原因，退出了历史的舞台，但于凤至的好却超越了时代。

于凤至生来拥有一颗悲天悯人之心，自从嫁入张家后，原本离她很遥远的生死之事，一下子毫无防备地窜到了她的眼前。丈夫和公公皆为军人，二人尽管身居统帅之职，仍不免会为箭矢枪炮所伤，更别说奋战在沙场前线，枪林弹雨之中的冲锋战士了。

直奉战争是军阀混战中最为惨烈的战争之一，于凤至无法评说其中的是非曲直，但生死事大，当她走上街头，看见战死的士兵们被放在简陋的担架上抬回奉天时，心中总是涌起一股难以言喻的悲伤，那些士兵的脸庞还相当稚嫩，与张学良的弟弟们一般年纪，然而他们却在家中锦衣玉食，而他们却要在前线卖命。

她知道这一切都是命运，她无法扭转大时代阴影下每个人的人生悲剧。但她仍想尽自己的绵薄之力,来消减这人世间残忍的痛苦。

于凤至主动请缨,打算和张作霖的几位如夫人一起去军区医院探望伤员。几位婆婆认为于凤至的这个建议极有识见,但将门女眷又不可如此轻易地抛头露面,卢夫人便建议由五房寿夫人和于凤至代表张家父子二人前往军区医院进行慰问。

张作霖得知此事后,立马拍板。战争已进行了有些时日,将士们也多生出了归乡之思,军心不稳乃作战之大忌,于凤至此举既可以安抚奉天民心,又可壮军中之气,一举两得,何乐不为?

于凤至和寿夫人得到了张作霖的同意后便赶往了军区医院。两个女人仿佛一下子从天堂跌落到炼狱。整个医院毫无虚席,就连过道上也躺满了伤员,他们或绷着手臂,或缠着腿,有些半张脸都被炸弹炸得面目全非。医生护士们都匆忙而过,对这两位帅府夫人只是点头示意。在此生死交际之处,他们已对名利身份无所顾忌,能救得一人是一人。

医院里到处回荡着凄切的叫喊声。寿夫人紧紧攥住于凤至的胳膊,不忍再看。于凤至一面轻轻地安抚着婆婆,一面四下环顾,战争居然可以残酷到如此程度,这是她以往万万没有想到的。

于凤至让医院的负责人告诉伤员们,她们是大帅府的夫人,既然每个人都为老张家拼命,那么张大帅也必然不会亏待他们。她告诉伤员们,好好养病,不要担心医用物资,大帅一定会尽力对他们进行医治,对得起他们在战场上的英勇表现。

二人不忍心再在此地多作逗留,伤员们的哀号与刺鼻的消毒水味儿，一刻不停地刺激着她们的神经。于凤至希望张家的奉军可以一举获胜，尽快结束这残酷的战争。

于凤至回家后，向大帅表示，希望可以尽可能地拨款购置医疗物资，这样一来可以使士兵尽快恢复，减少伤亡率，一来也可以让他们感受到来自上级的关心，使军心更稳。张作霖表示此言甚是，但拨款之事亦不是简单小事，其中程序复杂，流程烦琐，而且还要考虑到前线的物资供应，并不是一言即可解决的。

于凤至也知道公公现下的难处，他现在也是热锅上的蚂蚁，躁得焦头烂额，忙得不可开交，便先从自己的账头中拨出一笔钱，投入军区医院的建设中，保证救治的效率。

身为张家的长媳，于凤至也有私心，她想提升夫家的实力，以助其获得战争的胜利。但她更多的是出于对生命本身的哀悯。当时的军阀之战犹如三国纷战，于凤至怎会不知军阀们发起的所有的战争归根到底都是为了自己能够登顶龙椅、称霸中原呢？但生为张家的人，她不能去指摘夫家什么，只能默默地施予众人自己的善意。

后来，于凤至成为了奉天慈善会的董事长，权柄是行事的前提，于凤至受此职位并不似许多良心泯灭之徒一样，只为在战争中牟取私利，她是为了更好地行使自己的善意，使更多人在乱世中获得一些慰藉、一些温暖。

赵四小姐其人

多年以后，面对风烛残年的张学良，赵一荻大概不会想到她在于凤至面前的那一跪会使她成为古往今来罗曼史中不可挥去的一笔。

历史和张学良一样，总是偏心于传奇。少帅和赵四的"旷世奇恋"总是被人们津津乐道，而于凤至只是这浓墨重彩背后的一道素绢。

1912年5月28日，北洋政府交通部次长赵庆华家中传来了婴儿的啼哭声，赵府再添弄瓦之喜。在此之前，赵家已有了三个如花似玉的女儿，每个人都有一个旖旎的名字。在为孩子取名这方面，赵庆华可是个中好手。

小女诞生之日，晚霞烧透了半边天，绚丽不可名状。赵庆华看着襁褓中的婴儿，红红的小脸正似这天边晚霞，便以"绮霞"二字命之。如今看来，这个名字似乎预示了她今后绚烂传奇的一生。

在未碰到张学良之前，这个女孩也仅仅是承欢于父母膝下的幺女绮霞，她聪颖美丽，是被全家人捧在手心的掌上明珠。

还在读小学时，她便展现出过人的天分：家庭音乐教师刚教完一首钢琴曲，当众姐妹还在为曲谱上的小蝌蚪伤脑筋的时候，她已能将曲子弹得流利顺畅。丫鬟出身的母亲于灯下做女红之时，她瞪着乌黑的大眼睛，滴溜溜一转，没多久便能将缝纫活计做得像模像样；因为战火而中断了两年小学课业，待至形势太平，她便轻而易举地跳级上了初中，并且还取得了不错的成绩。

窗前的明月日落夜升，冷眼看着朱阁中的小姐长大成人，镜中的绮霞小姐已快到及笄之年，她的春心也似满月的小鹿，开始不安地激烈跳动。

14岁的赵绮霞已经出落得亭亭玉立了，每次走到街上都会引得一群狂蜂浪蝶频频回首，她也深知自己的美丽，但又因少女独有的娇羞，只对此视而不见。

她看不上这群少年人的轻佻无礼，一双双眼睛似恶狼，流涎的臭嘴，隔着老远都能闻到令人作呕的酸臭味。赵绮霞心目中的"白马王子"是英俊潇洒、成熟稳重的，是会在看到她时伸出修长光洁的手，轻柔地喊她"密斯赵"的。每想到这些，名字中的两片红霞都会倏的一声飞上她柔嫩的脸颊。

家中的姐姐们看着原本还不谙人事的小妹突然一夜之间变得妩媚动人，无不感叹时光飞逝。已有了婚嫁之约的她们因为自己的后半生已有了着落，便开始为小妹的未来操起心来。

她们为她化上浓艳的妆容，穿上摩登的礼服，顺便还带着她去街上最时髦的理发店做了个最时新的发型。

不仅是姐姐们认不出她了，就连赵绮霞自己都不敢相信镜子中的那个人会是她自己。成熟的妆容掩盖不住她骨子的青春，两种不同风格的美在同一个身体上角力，反而更为她添加风情，令人无限着迷。

赵绮霞由姐姐们带着来到了天津的蔡公馆。其主人蔡绍基也是北洋政府中的红人，天津地界儿上有头有脸的人物。他经常邀请社会上的各界名流前来参加自己主办的舞会，当然，并不是随便什么人都能有此殊荣的。为了保证舞会的质量，蔡绍基每次都会限定来人的数量，并且发放请柬。因此，天津卫的名士名媛都以受邀参加蔡公馆的舞会为荣。

赵家姐妹因为父亲的地位与声望，也有幸荣列其中，而年少的赵绮霞则是第一次参加舞会。虽然她对自己的外表有足够的自信，但毕竟年少不经事，赵绮霞一颗心还是悬到了嗓子眼。

事实证明，她的顾虑完全是多余的。赵绮霞一进蔡公馆便收获了全场的目光。男士们就像她多次设想的那样，彬彬有礼地伸出右手，问她是否可赏脸跳支舞，女士们则端着葡萄酒，走到她身边与她闲聊交谈。

这场舞会，使赵绮霞的社交声名鹊起。这时，我们该叫她赵一荻，或者赵四小姐了。

姐姐们见小妹风头正盛，便一鼓作气，要将她推上天津名媛界的最高宝座。

她们更加频繁地带着赵一荻出入天津各大舞场，她的舞步越发熟练，原本纤瘦的身材也开始凸显成熟女人的风韵。每次还未进舞场，她便被各界热情的公子哥们簇拥到舞台中心，他们各显其能，争风吃醋，只为能一睹芳容，并和赵四小姐共舞一曲。赵一荻自己也乐在其中，她十分享受这种众星捧月的感觉。

之后，大姐赵绛雪通过时任《北洋画报》董事长的丈夫冯武越的帮助，让小妹登上了这份名刊的封面。赵一荻一夜之间红透大江南北，赵四小姐的名声传出了舞场，飞入各家各户的耳中，街头巷尾的每一个人都在谈论这个封面女郎。

前来天津休养的张学良无意间瞥见了这期的《北洋画报》，封面上这个可人的少女立刻引起了他的注意，虽然她画着浓妆，但因兴奋和紧张而略显几分僵硬的神态还是显得年轻而稚嫩。如果说，于凤至是凄清月光下的一枝寒梅，即使在身单力薄之时，也要用香气感染所爱之人；那么封面中的这个女孩则是夏日的石榴花，浓烈而炙热，青春而芬芳。

张学良思忖着若是有缘得见此女可真是三生有幸了。但这样的念头已如家常便饭一般每天都会在张学良的脑中闪过，但这个女孩的身影早已神不知鬼不觉地投射进他的内心深处。

《北洋画报》封面女郎的热潮开始慢慢消退，赵一荻还是回归到了正常的生活。1927年，赵庆华已经开始为小女儿物色夫家，没多久，赵一荻也和姐姐们一样，成为了婚约在身的待嫁之人。但她并不喜欢父亲为她选定的这门亲事。未婚夫虽然与自家门当户对，长相也颇为英俊，但他为人木讷不善言辞，二人在一起时，总有种小孩子过家家之感。但父命不可违，赵一荻还是和这个男生不咸不淡地交往着。

那日，赵家姐妹又应邀去参加蔡公馆的舞会，此时的赵一荻对此类聚会早已是轻车熟路了。无巧不成书，那日张学良也应邀来到蔡公馆，那日一瞥而过的封面女郎，居然袅袅婷婷地朝自己走来。

张学良径直朝赵一荻走去，一手脱下军帽，放于胸前，一手牵起赵一荻的手，放于嘴边轻轻一碰，一套动作如行云流水，一气呵成。

赵一荻看着一双满含笑意的双眼直溜溜地盯着自己，她丝毫没有被冒犯的感觉，反而紧张得手心冒汗，一颗芳心简直就要飞到对面那人身上去。久经舞场的她万万没想到自己居然还会如此失态。

自打那次舞会过后，二人的感情急速升温。所谓的未婚夫早已被她抛诸脑后，不知影踪了。

夏日新荷般的赵四小姐，为少帅张学良的猎艳生涯打开了一扇新的大门。他为她清纯又浓烈的爱意所淹没，她为他的风流熨帖所倾倒，两个人你侬我侬，非常高调。当两人情深意浓之时，于凤至则成为热恋之人所诟病对象。当他们一想到张学良已娶妻生子，炽热的情感上总会被当头浇下一盆冷水，两人霎时间都沉默无言。

张学良和赵一荻每天都成双入对，二人的恋情很快就传遍了天津卫。奉天的于凤至自然也有所耳闻，但她还是一如既往地视而不见，那时张学良已对谷瑞玉逐渐疏远，于凤至知道，这个小姑娘充其量不过是"谷瑞玉第二"，而且远在天津，并不会对自己的地位有什么影响。

赵庆华是堂堂的交通部副部长，尽管这个女儿是庶出，但他无论如何也不会同意自己的女儿嫁入军阀之家给人做小。果然，他开始横加阻拦，将女儿关在家内，外出都要派心腹之人看守，严格地限制了她的行动。

父亲的举措激起了赵四小姐的逆反心理，越是如此，她对张学良的感情就越深，已然到了不能自拔的地步。但那边的张学良虽然也对这个女孩子真心真意，但毕竟是个情种，他在与赵四热恋的同时，也对另外两个女人施予着柔情蜜意。

两人的感情就这样保持着，赵四小姐会依靠着姐妹们的帮助瞒过父亲与张学良私会。直到日本人在皇姑屯安放炸弹炸死了老帅张作霖，张学良受命继承家业，不告而别，匆匆赶回东北。赵庆华见此事端，想着自己女儿与张学良的恋情肯定也会随之不了了之，便放松了对赵一荻的看管。

但让赵庆华没想到的是，张学良对赵一荻也是动了真心的。当他回到东北打理好家族事务后，竟然又想起了赵一荻，也许是病中之人都格外地多愁善感，卧倒在床的张学良去信一封，邀请赵一荻北上游玩，顺便探望一下他的残病之躯。

自张学良匆忙赶回东北，赵一荻已有近半年时间没有看到了张学良了。他的这封来信对赵四小姐来说不啻久旱逢甘霖，她内心委顿的爱火又熊熊燃起。赵一荻不忍心欺骗深爱着自己的父母，便把实情详细告之。此时的她并没有想到什么私奔之事，她只是想去探望一下自己生病的情郎而已，不出一周肯定返回天津。

抱着单纯的愿望，赵一荻跟随着张学良派来迎接自己的副官陈大章踏上了天津前往沈阳的火车。乍暖还寒的凄清春夜，车厢中坐着一个热心似火的少女。

一下火车，她看到病中的张学良伫立在站台，向自己张开久违的怀抱，她一个箭步冲上前，扑进她日思夜想的港湾。二人几近半年未见，此次相逢居然让张学良有种劫后余生的感觉。

两人正为久别重逢而感慨时，少帅府中的于凤至正忧心忡忡。当抱恙已久的张学良从床上挣扎起来，不顾众人劝阻硬要出门时，她的眼皮便开始突突地跳了起来，她隐隐有种不祥的预感。

果然，没过多久，赵一荻私奔会张郎的消息便在奉天传开了。赵庆华发表的声名正在各大报纸上疯传：

"四女绮霞，近日为自由平等所感，竟自私奔，不知去向。查照家祠规条第十九条及二十二条，应行削除其名，因此发生任何情事，概不负责。"

不仅仅是于凤至和张学良，就连赵四小姐本人也难以置信。一次探病之旅，怎么就变成了私奔？明明临行前家里人还亲自把自己送上了火车，怎么一到沈阳父亲就要和自己断绝关系呢？面对着张学良的诘问，赵四小姐只是簌簌地流着眼泪，她不知道为何事情会演变成现在这样。

多年后，历经沧桑的赵四小姐才体会到父亲当初的良苦用心。赵庆华见自己用情极深，不肯回头，即使不要名分也愿意跟着已有妻室的张学良。父亲只能釜底抽薪，迫不得已用了这招。他将女儿送到张学良身边，一纸申明，断绝父女关系，逼得张学良不得不将赵四留在身边。

但也有传闻是说赵四小姐的表妹因忌妒姐姐，刻意在她父亲面前捏造是非，假说姐姐此去沈阳是私奔，一去是不会回头了。这才气得赵父要和她断绝关系。但不管如何，过去的事情已无从考证了。赵庆华的这一招成就了她日后的盛名，但也开启了另一个女人的悲情人生。

当于凤至看着丈夫张学良领着赵四小姐登门的一刹那，她额头上的一丝冷汗映照出这个万事妥帖的女人背后的慌张，从来没有过、未来也不会再有的慌张。

既来之，则安之

于凤至在老年时回忆起初见赵四小姐时的情景，还是略带着些许醋意。

"……这群女人中有一个叫赵绮霞，她父亲是政府中主管经济的要员，她因终日在舞场流连，不肯上学，被称为赵四小姐，她追逐汉卿，报纸杂志大肆渲染。她父亲管教她不听，登报脱离父女关系，成为一时新闻。"

这段话，看起来轻描淡写，仿佛一切都只是过眼云烟。但面对着日后将张学良从她身边夺走的这个女人，于凤至怎能真的做到风淡云轻呢？

时间又回到了1929年的那个春天。

父亲的决绝，斩断了赵一荻的所有退路，举目无亲的她被推到了风口浪尖，有人骂她不知廉耻，背礼弃义；有人赞她敢作敢为，风流潇洒。但她毕竟只是个17岁的小姑娘，她柔弱的肩膀还负担不起这些流言蜚语。

而自己的情郎，也为这事焦头烂额，尽管他相信此事与自己无关，但近来也只是把自己安排在外宅，甚少前来，况且他家中的妻子于凤至也闻知了此事,自尊心极强的她怎么可能会接纳这个"私奔"而来的女人呢?

的确,面对如此丑闻,少帅府中的于凤至也是心如乱麻。之前的谷瑞玉也掀起了一定的风波,但没有闹得这样满城风雨。自己这个正室脸上无光也就罢了,毕竟也不是第一次;张学良的少帅之名又怎么可以因此而受损呢?张作霖尸骨未寒,他钦定的接班人就如此胡作非为,置奉军于不顾,将来要如何服人?

于凤至的担心不无道理,张学良刚接受奉系家业,军中许多元老对这毛头小子颇不服气,非但不按老帅遗训倾力辅佐,反而惯以资历压人,妄自尊大,处处与张学良作对。而这次的事情更让他们抓住了把柄,张学良一下子陷入了四面楚歌之中。

赵四小姐的出现,让原本就紧张的气氛更加严峻,她仿佛成为了整个少帅府的敌人。但每天晾着她也不是办法,张学良还是会抽空来到那里去安慰这个孤苦伶仃的小姑娘。他本就是怜香惜玉之人,一见到赵四楚楚可怜、泪眼婆娑的样子,张学良的心一下子就软了下来。

不爱江山爱美人,家族基业又如何,流言蜚语又如何,张学良发誓一定要安顿好这个为了自己而遭到众叛亲离的小姑娘,将她所失去的都还给她,让她在奉天也有一个属于自己的家。

张学良将自己的想法告诉了于凤至,赵四小姐也多方托人替自己求情,希望她能在家中施舍给自己一席之地。然而这是于凤至最后的底线,她无论如何都要坚守住自己阵地。成婚时,张作霖曾答应了张学良只要娶了于凤至,以后他所有的花边恋情他都可以不管；同时，他也向于凤至承诺，自己的儿子绝不纳妾，任何女人都不能与她相提并论。

张作霖生前也确实信守了这两个承诺，对自己儿子的胡作非为坐视不理；但也没让任何女人正式成为张家的儿媳；张学良出于对妻子的敬重，并没有将任何女人带进家门，之前，他想纳王正廷的妹妹为二房，但于凤至再三考虑后，觉得以张学良彼时的处境与地位，还是不宜于纳妾，除了旁人的飞短流长，这些女人也居心叵测，张学良便依其意作罢。

于凤至念及这两处，稍稍安心，她知道自己的小丈夫最后还是会听自己的话，放弃这段感情的。

但张学良"贼心不死"，三番五次向于凤至提起赵一荻，想让她接受这个事实。但这更激起了于凤至的怒火，她不会像普通村妇一样大呼小叫，上房揭瓦，她只是沉默着不说话，每逢此时，张学良也会缄口不言，两人的隔阂越来越深。

若是让爱情顺势滋长，说不定赵四小姐充其量只是第二个谷瑞玉，反而是外人的指摘，妻子的反对，更是让这对苦命鸳鸯爱得难解难分，发誓定要厮守一生一世，任何事物都无法将他们分离。

张学良三天两头地往外宅跑，仿佛赵四小姐才是他明媒正娶的妻子，于凤至只作不知此事，但她淡然的外表掩盖不住她焦躁的内心，以往沉着冷静的少奶奶现下也会时不时地恍惚走神，下人们都心知肚明，但都不敢触此逆鳞。

最难过的莫过于无能为力。能让所有难题都迎刃而解的于凤至，此时却无法掌控自己的感情。她只能像往常一样，无奈地等着张学良炽热的爱火渐渐为时间之水熄灭。

然而，这次时间并没有站在于凤至这边。

张学良对赵四的爱因为怜悯而愈加浓烈。他终于忍不住，牵上赵一荻来到了自己的家中。

于凤至正喝着下午茶，那时的她没想到丈夫竟会牵着另一个女人的手风风火火地闯进家中。她抬头看了一眼气喘吁吁的张学良和一旁低眉垂眼的赵一荻，一丝冷汗从额头边沁出。这不是整个事件应该有的走向，自己的丈夫从来不会不说一声便把女人这样带回家。

一旁的下人们被房内肃杀的气氛吓得噤了声。于凤至稳下情绪，右手一挥，让室内的下人全部退下。偌大的大厅，只听得见三个人的呼吸声。

还是张学良沉不住气先开了口，他陈说了这个女孩子的种种不易，并且语气坚决地要求于凤至接纳这个小妹。毕竟，在小情人面前，他还是要拿出大丈夫的作风来的。

于凤至听后心下一凉，以往张学良从来没有因为女人的事对此大呼小叫过，公公张作霖的离世，没有让他的儿子因为少了庇荫而收敛锋芒，反而使他更肆无忌惮。

房内的空气似乎已经凝固，于凤至用沉默表示着抗议。张学良还在滔滔不绝地讲着，他那双充满血丝的眼睛瞪着侧身而坐的于凤至，一旁的赵四小姐已经默默地抽泣起来，这哭声更刺激了张学良的"男子汉气概"，他向于凤至大声地吼着，好像要把成婚到现在所有的不满全倾泻在眼前这个端坐着的女人身上。

于凤至的眼圈渐渐地红了，她眨了眨眼睛，拼命将眼泪忍住，但这时的张学良只听得见赵一荻的哽咽，于凤至的隐忍他又怎么体会得到呢？看着妻子无动于衷的样子，急红了眼的张学良一把掏出身后的手枪，用力地拍在于凤至身前的桌子上。

房间内回荡着桌子的震动声，女人的哭泣声，男人的粗吼声。

这时，赵四小姐不顾哭花了的脸，跑到于凤至面前，双膝一软，便直挺挺地跪下了，她哭着喊着，求于凤至能够成全他们，她不求名分，只要能陪在心上人身边便就知足。

成全了赵四小姐，那谁来成全于凤至呢？

温润宽容的女人从来都不是用来成全，而是用来辜负的。

于凤至深吸了一口气，她看着眼前哭得梨花带雨的赵一荻，心软了。眼前这个秋波含水、楚楚可怜的少女似乎不是要与她争抢丈夫的插足者，而是一个离家出走、失怙无援的邻家小妹，她怎么忍心让这样一个女孩子流落异乡无依无靠呢？而一旁丈夫眼神中的坚决，更是让她无奈地选择了妥协。

她一把扶起了赵四小姐，让她先在家中稍事休息，然后再慢慢安排她的住处。一旁的张学良似乎清醒过来，轰轰烈烈的爱情抗争居然就被于凤至的轻轻一扶所化解，刚才的盛气凌人一下子变成了瘫软无力，他坐在椅子上，不敢正视自己的妻子。

于凤至起身按了按张学良的肩，向他苦笑一下便走开了。

至此之后，尽管于凤至万分不愿，但她还是接受了"三人行"的生活。

家中的亲戚们都纷纷劝说，让于凤至万万不可接受这个女人，当断不断，必受其害，于凤至退了这一步，将来必定要用上一万步来偿还。

但于凤至为了丈夫的面子还是摇摇头没有吭声。

她提出了三个条件：第一是赵四不能进帅府；第二她不能有正式的名分，只能以私人秘书的名义在张学良身边出现；第三，即使她有了孩子也不能姓张。

已经毫无退路的赵四欣然接受了这三个条件，她本就无所奢求，于凤至能够接纳自己已是天大的喜事了，她还敢奢望些什么呢？张学良因为对于凤至心中有愧，也二话不说地答应了这三个条件。二人如获大赦般每日出双入对，好似一对新婚夫妇。

秘书之名反而使赵一荻更有理由黏在张学良身边。每当张少帅出席会议，赵四都会以秘书的身边相伴左右，知情之人见了自然会心一笑。

于凤至看在眼里，痛在心里。张学良身边的女人一茬接着一茬，换了一拨又一拨，但他从来没有像这次一样上心动气。难道就是为了这年长的3岁吗？年龄之事真的让自己的丈夫如此耿耿于怀吗？于凤至回想着那日大厅中丈夫对自己咆哮而出的那些话语，究竟是肺腑之语还是气头之话？于凤至不忍细想，但幸亏还有孩子们慰藉她的心灵。

获得正室首肯的赵一荻果然也信守诺言，安安分分地在张学良身边做一个小秘书，像她这样在众星捧月的环境中成长起来的官家大小姐，居然能任劳任怨，不求名分到这种境地，也是出乎于凤至意料的。

如果她不和自己争抢丈夫，说不定还是能和她成为朋友的吧。于凤至看着天真的赵一荻，心里想。这个小女孩也的确有过人之处，她也不似那些别有用心的女人对张学良只是逢场作戏，一味地觊觎张家的地位与财产。

赵一荻是真心爱自己丈夫的，于凤至至少能这样肯定。尽管被一次次伤害，于凤至的心还是记挂着张学良，她担心的不是自己的名誉受损、感情受伤，而是张学良的喜恶与安危。那场风波过去后，万事温顺的于凤至又细细地考量了这个女孩，赵一荻也不争风吃醋，万事甘于人下，温柔又顺从。

既来之，则安之。她最后还是接受了这个女孩的存在。

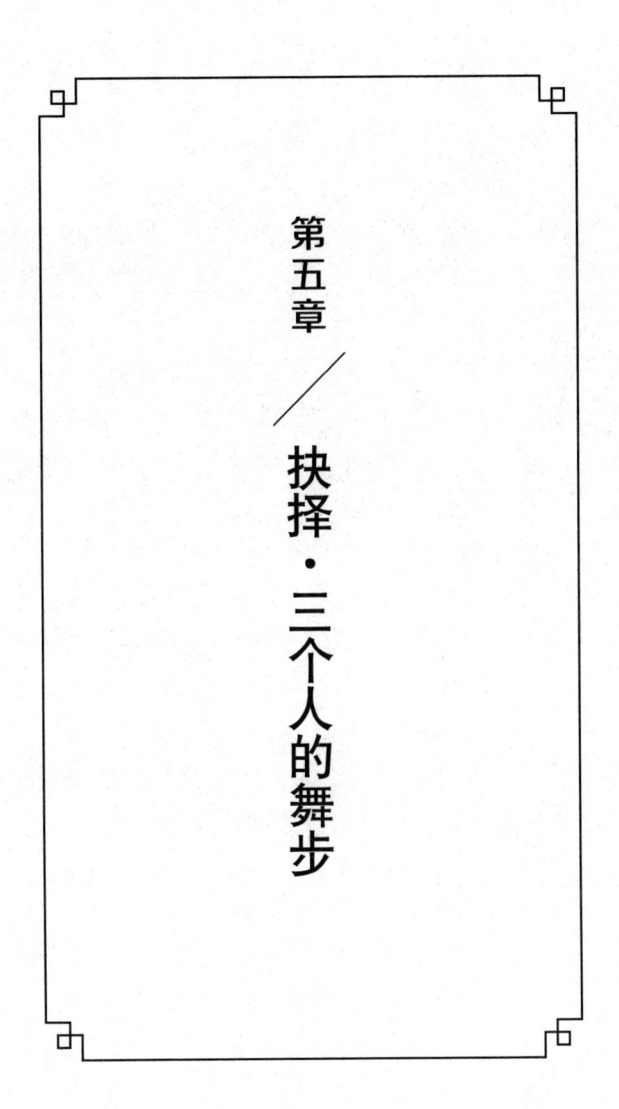

第五章

抉择·三个人的舞步

没有选择的默许

日子就这样不紧不慢地过着,张学良虽热恋着赵四小姐,但也因为责任感时常回家和于凤至团聚,而且,尽管赵四小姐名义上是他的秘书,只要一遇到军政要事,张学良还是会第一时间和于凤至商讨。

于凤至得到了正房夫人应有的敬重,赵四小姐也得到了自己渴望的关爱,因此,三人倒也过得平安无事。

很快,赵四介入于凤至的生活也将近一年了,她的肚子开始渐渐隆起,张学良自然欣喜万分,男人们对于子嗣都有着近乎本能的渴求,一想到自己的父亲有6房妻妾14个子女,而自己的却屈指可数,张学良内心还是有些怅然。

能为心爱的人生育子女当然是赵一获求之不得的事。但一来她年龄尚小,二来自从父亲的那一纸声明后,她与天津家中已经彻底断绝了关系,这个16岁的少女并没有因为孕育了一个新生命而感到多大的欣喜。

赵四小姐孤苦伶仃地在异乡怀孕,身边没有家人的照料,自己的身份又没有受到真正的认可,虽然每日和情郎相伴,但随着交往的深入，她也逐渐认识到，自己并非是张学良除了于凤至之外的唯一，如果不是父亲的决绝，她大概也只能像谷瑞玉们那样，受宠一时，之后便成为冷冰冰的白纸黑字，记在张学良传奇般的情史上了。

的确，很多年后，张学良在获得自由的第一时间，奔赴拜访的是他在美国的一个重要"友人"——蒋士云蒋四小姐。张学良说过自己曾有过11个情人，赵四虽然是他所追求的，但并非是最爱的一个。一直存留在张学良心中的"红玫瑰"，当是蒋四小姐。在他年届100岁之时，张学良还在自己的口述回忆录中说道：

"赵四最好，蒋四最爱。"

在这一点上，赵四和于凤至，并没有太大的差别。16岁的赵一荻也渐渐意识到了这点，但在这进退维谷的境地中，她已别无选择。

张学良无微不至地照顾着怀孕期间的赵一荻，但她始终感觉空落落的，整日忧心忡忡，她不仅担心着自己的未来，更担心着肚里孩子的未来，于凤至提出的三个条件声声在耳，历历在目，赵一荻对未来充满了不安。

本来，为了爱情而飞蛾扑火，不求回报的赵四小姐是大无畏的，但是有了孩子的牵绊，她知道光有"爱"是无法让生活继续的。但是稚气未脱的她又哪里想得到什么十全之法呢？安身立命尚且要仰人鼻息，那些更高的要求，她连想都不敢再想。

所幸的是，目前情郎还是属于自己的，而肚子里又有了新的依靠，尽管因为怀孕而病痛缠身，赵四还是咬牙坚持着。

于凤至早已知晓赵四怀孕的消息。在张学良面前，她佯装不知，她知道这个孩子就算生下来了也顶多是个私生子，是入不了张家的族谱的，他今后的道路全要看他母亲的造化和父亲的恩德。

　　而且，此时的于凤至也无暇顾及赵四，因为她自己的孩子也恶疾缠身，病入膏肓。10岁的张闾琪不幸感染了肺结核，原本就不壮实的他变得更加孱弱不堪。尽日躺在大床上的他因为无休止的咳嗽耗尽了体力，瘦脱了形。

　　于凤至每日相伴左右，她不知道这样聪慧可爱的孩子为何要受这样的苦。张闾琪从小聪明伶俐，文思敏捷，所有兄弟姐妹中就数他最乖巧，全家人都盼着这个孩子能走出军区，在笔墨世界闯出一番天地来，怎奈何，老天总是看不惯美好的东西存留于世，善妒的他一直想方设法，将世间完美之物撕碎给人看。

　　于凤至想到十一年前，也是在病床边，张学良为了她拒绝了母亲续娶的请求，这给了她莫大的求生希望。当自己慢慢痊愈，于凤至暗喜着，以为一切厄运都会随之消散时，死神再一次找上了她。

　　这次，他没有让她忍受病痛的折磨，而是将死亡的阴霾笼罩到了于凤至小儿子的头上。肺结核，在当时看来差不多是不治之症，但她还是抱着一丝希望，四处寻访，像当年一样，从中医看到西医，从正方到偏方，无一不问，无一不用。张闾琪的病情也一直反反复复，时而胃口大开，时而滴水不进。于凤至在病床前抹着眼泪，为幼子的身体愁思满怀。

　　于凤至有时会怀疑，是不是赵四怀孕给自己带来了晦气。于凤至越想越气愤，她恨不得冲到赵四面前，喝令她赶紧远离张学良，远离奉天。

但温厚的她还是当即否定了自己的想法，怎么能用如此卑鄙的恶意来揣测一个未出世的孩子和一个可怜的小女孩呢？当她听闻赵四因为怀孕而生病时，她甚至想提上礼物，亲自去看她。自己还是孩子，现在却要为另一个孩子忍受痛苦，于凤至每念至此，心头都会一软，脑海中自然而然地浮现出赵一荻哭着向自己下跪的景象。

于凤至摇了摇头，对这个抢走自己丈夫的女人，她始终无法深切地痛恨起来，每每对其有所愤怨，一想到赵四的年龄和处境，于凤至的心便软了下来。多少次，她都想迈出脚步看看这个可怜的妹妹。

这边，于凤至的小儿子还缠绵病榻，不见好转。那边，赵一荻已在张学良为她安排好的天津协和医院待产。

这家医院与赵四天津的家只有一步之遥。她知道，家人肯定早已闻说了自己怀孕的消息，她每天都翘首以待，希望多日不见的父母能够忘却昔日之事，前来探望，哪怕是坐一坐也好。临产的日子越来越近，张学良因为近日公事繁忙，无法脱身陪伴自己，病房前只有照顾自己的保姆和警卫，赵一荻听着医院空旷的走廊时时回响着的脚步声，每次都充满了希望，但每次也以失望而告终。

直到张闾琳从赵四小姐柔弱的体内钻出头，赵家人始终没有来看过她一眼。新生的喜悦并没有冲淡赵四的愁思，她反而更加忧郁了。

她才16岁，然而现在却要做一个孩子的母亲；她还需要母亲的关怀和陪伴，现在却需要她向孩子施予自己的关爱。她努力地学着，尽心地做着，但始终不得要领。即使是张学良在身边，她还是觉得没有安全感。赵四开始莫名其妙地发起火来，一言不合便要赶张学良走。婴儿也在母亲的影响下也开始没由来地哭闹，赵四因为情绪不稳定下不来奶，孩子自然也没有东西可以进食，起初洪亮的哭声，逐渐变成瘪瘪的干号。

张学良心疼赵四小姐，更担心孩子，他思考着将赵四小姐带回奉天，远离这个伤心地。赵四不置可否，木然地随着张学良去了。

于凤至听闻赵四带着孩子回到了奉天，而且在张学良口中得知她产后抑郁，水米不进，身体状况极差。于凤至知道女人怀孕要受多少的苦，而且赵四在举目无亲、病魔缠身的情况下还为张学良生子，这是多大的勇气啊！

经过这些日子，于凤至心下多少也有几分释然，她下定了决心，还是要去北陵的别墅看看这个女孩子。

那日，于凤至吩咐厨子准备了鲫鱼汤、小米粥等饭菜，命人买了高级的乳粉和婴儿衣物，亲自提上去探望赵四。

还未进到房内，婴儿的哭闹声已经传到了于凤至的耳里，她拾级而上，进入房中。瘦弱的赵四正抱着孩子轻轻地拍打着，她柔声地哄着他，看得出来，她想要做一个称职的母亲，但哄了半天，孩子的哭声不小反大，赵四慌了手脚，是孩子不喜欢自己这个母亲吗？想着想着，眼泪也簌簌而下。

于凤至看了这个场面止不住地心酸，她轻声上前，和赵四打了个招呼。赵四抬头看见于凤至，吓了一跳，这个应该同自己势如水火的女人，居然会主动探望，她把孩子交给保姆，揩了一把眼泪，想叫一声于凤至，却不知该用什么称呼，只是呆呆地怔着，她张了张口，便定在了原地。

于凤至看出了她的为难，上前拉过她的手，牵着她的手来到一旁的沙发坐下，抱过保姆手中的孩子轻轻拍打着，孩子瘦瘦的，但一双眼睛炯炯有神，像极了张学良，她想到自己孩子刚出生时的模样，一阵母爱涌上心头，她轻轻地拍打着，孩子的哭声渐渐地小了下来，吸吮着自己的手指，眼睛忽闪忽闪，慢慢地睡着了。

她将孩子还给保姆，坐到赵四小姐身边，将她的手放到自己的腿上，轻轻地抚摸着，赵四想到了自己的母亲、自己的姐姐，在她从前伤心难过时也是这样安慰着自己。眼前的于凤至已经不是自己的"情敌"，而是一个温柔的大姐姐了。

赵四以为于凤至只是来看望一下自己，毕竟她也为张家生下来一个男孩，万万没想到的是，于凤至竟然会提出将自己和孩子都接去少帅府生活。

赵一荻心中五味杂陈，于凤至内心又何尝不是呢？

没有一个女人愿意和其他人共享自己的丈夫，于凤至也是如此，但她别无选择。这是她的性格使然，也是她的命运使然。

生为张学良的夫人，她怎么能眼睁睁地看着张家的孩子流落在外？她所受的教育告诉她要为夫家的利益着想，为丈夫出谋划策是助力夫家，抚养丈夫其他的孩子，同样也是另一种帮助。张学良的二妈妈卢夫人，五妈妈寿夫人不都是如此吗？自己有什么理由因为正室之名而推脱责任呢？

于凤至本就菩萨心肠，看到这个比自己女儿大不了几岁的女孩子流落在外，十几年的亲情在父亲的一纸声明下说断就断，不留一点情面，若是换作自己，又怎禁得住如此打击呢？况且，这个女孩不贪图名利，一心爱着自己的丈夫，自己又有什么理由不接受呢？

就这样，于凤至将赵四母子二人接到了少帅府。

像过去一样，于凤至亲自为赵家母子二人设计楼房。她将二人的住所安排在少帅府大院的东墙外，占地将近547平方米，选用上等的建筑材料，所有设施一应俱全。

这栋楼后来被称为"赵四小姐楼"，如今已经成为张学良和赵一荻爱情的见证，但这更是于凤至——这一旷世奇恋背后的女人——伟大与隐忍的最好注脚。

赵四小姐看到于凤至不计前嫌，为母子俩安排如此舒适的住所，心中大为感动。更令赵一荻不敢相信的是，于凤至所选的楼址恰好对着张学良的办公室，这样，只要张学良在家，赵四小姐都能看见他的身影，一解相思之苦。

事到如今，于凤至在赵四初来时所设的三个条件已然形同虚设。其实于凤至明白，自打张学良带着赵四上门的那天起，什么条件都只是自欺欺人的堡垒，它们一推就倒，毫无用处。

不能没有于凤至

1928年，在逐鹿中原的混战中毫发无伤的张作霖居然在皇姑屯的列车上被日本人暗杀身亡，而此时的张学良尚在北京驻守。首先得到大帅遇害消息的是家中的女眷们。

张作霖的几个如夫人们早已被血肉模糊的大帅吓得难置一言，急得手足无措。还是寿夫人最先从悲痛与震惊中缓过来，主持大局。

她一边拭着眼角的泪水，一边筹划着具体的行动。寿夫人深知，自己此刻的一言一行都关系着张作霖大半辈子辛苦打下的基业和全家上下的未来，更关联着整个东北的存亡。

寿夫人斜眼瞥见了一旁的于凤至，虽然也是泪水沾襟，但却与其他哭哭啼啼的女眷不同，在她因悲伤而微弓的身姿上，寿夫人看到了一丝异于他人的镇定。

正如寿夫人所料，此时的于凤至并没有被这突如其来的变故击倒，她将自己的理智全力从震惊中拉回来，在脑中竭力搜索着历史中相关事件的处理方法，一边对当下的形势进行着分析：她知道，张学良虽然身为张作霖的长子，理应是东北第一顺位的继承人。但事实并非如此,张作相作为当年与张作霖一同打天下的兄弟之一,有勇有谋,德高望重,军中对其继任"东北王"的呼声很高。

而张作霖的总参议杨宇霆更是野心勃勃,他凭着大帅对自己的依重,极力扩大自己的势力,想在大帅作古之后掌握东北大权。除此之外,还有日本人在关外虎视眈眈,他们想趁着张作霖被炸死,东北群龙无首之际,进一步扩大自己的领地。

寿夫人又以询问的眼神投向于凤至,于凤至将自己的想法一五一十地说了出来,两个女人不谋而合,相望着心领神会地点了点头。

不出几时,寿夫人便当即拍板,作出了秘不发丧的决定。她在家中稳住大局,另委托于凤至外出与东北相关人物进行联系。

张学良隐瞒着父亲的死讯,在经过旬月的筹备后,终于完成了军事、政治等各方面的部署,获得了张作相、杨宇霆等人的认可,于6月19日正式接手了父亲的基业,"少帅"一称,终于名正言顺了。

在这个过程中,张学良还是十分依赖自己的"大姐",每每遇到难以抉择又不宜与同僚商讨的事时,他总会与于凤至商讨,而且时常会采纳她的建议。于凤至深知,这是多年来她精心构筑二人感情的结果。

于凤至看着自己的丈夫有惊无险地登上了"宝座",心中也长舒了一口气。几个婆婆纷纷搬到了天津居住,但她还是时不时地托人送去日常用品,关照她们的日常生活。于凤至严格奉守着

"父死，三年不改其志乃为孝"的圣训，尽管昔日的大帅府现下已更名为少帅府，但她依旧按照大帅生前的方式管理着张府，以往的下人们多数还是留了下来，一切井井有条，与从前无异。

为了巩固丈夫的地位，于凤至主动出面，开展各种慈善事业，以稳固东北民心，我们可以想见这个单薄的女子是如何脚踩泥泞，头顶烈日，为了丈夫的事业奔走于各地，然而事后，她却是这样轻描淡写地说起这些事："……我尽力在各地兴办学校，用免费的办法使儿童都能入学，普及教育。水旱灾时，我以身作则，发动官商捐款救灾。"

她从不自矜，对于丈夫对于自己的赞扬又极其看重，并铭记于心："汉卿对我这些活动大力支持，他说他想办这些事而又分不开身，这帮他解决了困难。"

于凤至自嫁到张家后，似乎一直在帮他们解决困难，小到家务，大到政务，张家父子确实享受了这个"凤命"带来的福泽。然而，于凤至操劳的命运还远未结束，现下，她还要帮张学良做出人生中最为重大的决定之一。

张学良的继位之路并非一帆风顺，宽厚仁义具有长者风范的张作相明确表明会同辅佐老帅一样辅佐这位少帅。杨宇霆却心头不似口头，表面上发表声明，愿意辅佐少帅，内心却有着自己的打算。再加上由蒋介石领导的国民革命正轰轰烈烈地展开，北伐战争也一举结束了关内军阀割据的混乱局面，山海关内的政局逐步稳定，大势从分裂走向了统一。张学良一方面要稳定自己在东北境内的势力，一方面要处理好与关内"青天白日旗"的关系。

原本，在父亲死后，张学良已经决意戒毒，投入新生活。但鸦片岂是说戒就能戒掉的？张学良每天都精神萎靡，如同霜打的茄子。杨宇霆见状便向张学良推荐了一种日本进口的名为"巴文耐鲁"注射药以帮助其戒毒，这种药虽然能暂时克制住张学良的烟瘾，但它本身因含有海洛因、吗啡等而极易上瘾。张学良前脚刚赶走一只虎，后脚又跟上一头狼，原本是用来戒毒的药品反而更是将他搞得孱弱不堪，毒瘾愈加地深了。

此时，张学良的压力越来越大，他开始无限制地注射吗啡针，沉浸于毒品所带给他的精神快感中，一味地躲避着现实。杨宇霆见新主子恰似扶不上墙的阿斗，愈加嚣张跋扈。张学良一开始了为了奉军体系的稳定，并没有对其中的人员进行变动。杨宇霆因为没有得到预想中的升迁而心怀愤懑，暗中策划要夺张学良之权。

杨宇霆在各方面安插自己的亲信，谋反之事也在暗中进行。张学良对这些事已有所耳闻，心中一直犹豫不决。当年郭松龄起兵反张作霖，张学良本想在其在逃途中，放他一马，没想到杨宇霆快他一步，逮捕了郭松龄，这才将他推上了断头台。张学良对此事一直耿耿于怀；另一方面，杨宇霆又如严父般陪伴着张学良的成长，二人曾同处一军，同甘共苦，交谊颇深。而且张学良初执权柄便处置昔日功臣，很容易招惹口舌，授人话柄。

因此年轻的少帅为此事烦得焦头烂额。他还是像往常一样，将询问的目光投向了妻子。于凤至早就看出近日丈夫忧心忡忡，必然有琐事萦心，但没想到居然是如此重大之事。她详细地询问了前因后果，送给了丈夫一句八字老话："当断不断，必受其害。"

于凤至为丈夫仔细分析了杨宇霆的动机与行为，她主张让张学良首先查明杨宇霆是与其他反叛人物相勾结有计划的谋反，还是仅仅因为少主人任性胡为，想要僭越干政。若是后者，尚有挽救余地，不必撕破脸便可化干戈为玉帛；但若是前者，则干系重大，这不仅威胁到张学良的统治权，更威胁到整个东北的生死存亡。

　　彼时已是深夜，张学良静静地听完了于凤至的分析，他深以为然。但因着克制已久，那难忍的毒瘾又排山倒海地向他全身袭来，张学良擤着鼻涕，浑身颤抖，刚才认真严肃的表情在他的脸上荡然无踪，留下的只是路边乞丐般的卑微与丑陋。于凤至赶忙找来军医为他注射一剂吗啡，脸上方才折射出一丝神采。看着丈夫一副如释重负的样子，于凤至内心一阵阵地揪痛，这样下去，如何是好。

　　没过几日，张学良的属下已替他查明了杨宇霆的动机。张学良还是心有怀疑，便让于凤至以拜寿之名，前去杨府一探究竟。

　　这场酒宴说不上是"鸿门宴"，但其危险程度丝毫不亚于此，于凤至果然巾帼不让须眉，一言将此事应承下来。那日，她提上贺礼，带着随从来到了杨府。

　　一进门，敏感的她便感受到了别样的气息，虽说是杨母做寿，但此时此地却没有多少喜庆祥和的迹象，反之，则有一股大事临头的肃穆之气在院中飘荡。

　　果然，当于凤至借着拜问杨府内眷之名，在院中行走时，她看到杨宇霆和反叛军阀褚玉璞二人正把酒言欢。于凤至回府后，立马将此事告之了丈夫。张学良将于凤至的所见所闻与心腹所探得的消息相结合，终于确定，杨宇霆是和张宗昌和褚玉璞两个被通缉的军阀头子合谋，想要推翻他在东北的统治。这可是件头等的大事，若是被一旁虎视眈眈的日本人加以利用，那损失的可不仅仅是东三省了。

但问题又来了，对于这个昔日元老，抓住后是终身禁闭还是怀柔重用抑或是一杀了之呢？张学良又陷入了为难的境地，他的烟吸得越来越勤，越来越多，几乎要代替了一日三餐。张学良好像因为接踵而来的难题折磨得丧失了思考问题的能力，他居然是以投银元的方式来决定杨宇霆的生死。

嘲讽的是，他连投银元的勇气都没有。张学良吸溜着鼻涕，蜷缩在军大衣中，看着自己的妻子，正襟危坐，一脸严肃地抛掷了三次银元。

也是杨宇霆命该绝于此。三次皆是主杀之面。于凤至望向毒瘾渐渐上头的丈夫，只见他似是如释重负一般，做了一个"杀"的动作，便起身回房去了。

从张作霖逝世到张学良继任这短短的时间内，于凤至经历了多少？逢乱不惧，当机立断；大难当头，稳定人心；临危受命，深入敌营。她为张家竭尽心力，而张学良却用一身的烟瘾和一个赵四来回报她的贤良淑德。

多讽刺啊！然而于凤至还是一如既往。正如她日后自己说的那样："生为张家的人，死为张家的鬼。"

"大姐""小妹"

自打赵四小姐进了张府,张学良似乎过上了神仙般的生活。

他称呼于凤至为"大姐",称赵四为"小妹",一个有着母亲般的体贴温柔,一个有着小情人般的娇憨妩媚,红白玫瑰一时尽入张学良之怀,而府外更是有一位"红颜知己"等着他前去相会。

此时,东北已经随着张作霖的逝世而改旗易帜。历史的画卷上,奉军已经消失,有的只是蒋介石国民政府名下的国民军队。张学良因深明大义,被蒋介石委任为"全国海陆空军副总司令",主管东北和华北地区,一人之下,万人之上。他开始频繁地出入关内。赵一荻依旧以秘书的身份,与张学良出双入对,当然随行的还有张学良的正房夫人于凤至。

尽管后世多有三人同框的照片,但彼时赵一荻因为只是张学良的秘书,并没有机会与于凤至一样会见各界政要。

1930年,于凤至以"东北第一夫人"的身份随同张学良前往南京接受国民政府授予他的委任,蒋介石夫妇以最高礼数接待了他们,张学良极尽殊荣,一时风头无二。

商讨完公事后,蒋介石夫妇邀请张学良夫妇去到私人府邸做客。

此时是张学良毒瘾最为严重的时期，在杀了常荫槐和杨宇霆后，他并没有得到一种大权在握的充实感和稳固感，反之，张学良越发地空虚，只要稍有不顺，他就要注射一剂吗啡以缓解情绪。

于凤至深知自己丈夫现下的状态，虽然表面上强装镇定，但内心着实为张学良捏了把汗，可男人们的谈话，她一个女人家又不好插嘴，看着张学良的脸渐渐失了精气神，整个人开始瘫软，她的一颗心急得一下子悬到了嗓子眼。

但是没有办法，于凤至只能在一旁干着急。蒋介石也知此时的张学良毒瘾甚重，尽管委于其重任，其中也不乏政治作秀的成分，他对于自己的瘾君子丈夫多少是有点看不起的。

怎样挽回张家的面子呢？身为女人的于凤至只能在女人之中寻找突破口。

于凤至虽是出生传统家庭，所受西学影响不深，但自从成了张家大少奶奶后，她勉力学习西方文化以赢得丈夫的青睐，不仅如此，于凤至还尽量将自己打扮得摩登入时，她不能让别人笑话自己的丈夫娶了个农村大姐。

正因为如此，现在的于凤至不但博闻广识，谈吐高雅，行为大方，而且打扮时髦，其气质姿色，比起留洋多年的宋美龄来也不分伯仲。自古英雄惜英雄，若是将此言应用于这两女子之间，也是分厘不差。二人一见如故，执手相谈，情投意合，惺惺相惜。未过多时，她们便义结金兰，以姐妹相称。

宋美龄将这个新结识的姐妹介绍给了自己的母亲。宋母倪桂珍是一个基督教徒，且从小受到高等教育的熏陶，尽管此时年届六十，但依旧神采奕奕，一脸祥和。她拉着于凤至的手轻抚着，老太太十分喜欢这个与自己女儿年龄相仿的女子，遂提出要将于凤至收为干女儿。

这一举动是出乎所有人意料的，蒋介石等人万万没想到，一向不问世事的宋母居然会为于凤至所"收服"，甚至还要认其做义女。当下，众人便组织了一场"收女"仪式，于凤至给宋母鞠了躬，磕了头，奉了茶，两家当即交换了金兰贴，成通家之好。

此番会晤结束后，宋美龄在蒋介石面前对于凤至多有美言。蒋介石深以为然，能让宋母也刮目相看的女子必有过人之处。宋美龄还告诉丈夫，张学良遇事多与于凤至商讨，而她也多会给出真知灼见，帮助张学良将事情考虑周全。蒋介石听罢大笑，也多亏了张学良有此贤妻，不然他这具给毒品掏空了的身子，又怎能担起治理华北、东北的重任呢？

于凤至虽然不知蒋家夫妇对他们夫妻俩的评价，但其此行的确是给张学良挣足了面子。张学良也深感于怀，庆幸自己能有一如此妥帖的"大姐"，事事周全，在自己最困难的时候撑住了他"少帅"的台面。

尽管中国已经统一，但是日本人的狼子野心已如司马昭之心，路人皆知了，他们不断地在中国边境进行着挑衅。

1931年9月18日夜里，日本关东军在奉天自导自演了一场"好戏"。他们炸毁了自己在奉天柳条湖附近日军自己修筑的南满铁路，并且嫁祸给中国军队，以此挑起事端，炸毁了沈阳北大营，随后攻陷了奉天，史称"九一八事变"，开启了日军侵华的总序幕。

张学良早在1928年宣布东北易帜，归顺蒋介石的中国国民政府时就已经考虑到丧心病狂的日本人，定然会对自己的"倒戈"施行报复，他担心自己会遭到像父亲那样的暗杀，因此加大了自己身边的警备力量。但是日本人迟迟没有对自己展开行动，当张学良以为这件事就可以告一段落时，疯狂的日本人居然直接向东北土地开炮，意图挑起战争，加速其"大东亚共荣圈"的建立。

少帅再一次陷入两难的境地。在与蒋介石合作前，他一边为日本人威逼利诱，一边又为民意所牵制，最后，强烈的民族心告诉他必须与日本人一刀两断，父亲对其所采取的"软磨硬泡"的态度已不适合当下，现在，他必须硬起脊梁骨，对日本人说"不"。东北最终并入了国民政府的版图。

当下，一面是日本人的肆意挑衅，一面是蒋介石在全国推行的"不抵抗政策"，张学良该何去何从？

"九一八事变"后，人们纷纷揣测张学良当晚的行为，有人说他和于凤至、赵四小姐在看戏，也有人说他在六国饭店参加舞会。其实不然，那晚的张学良虽然不在奉天，但他一接到日本人进攻的消息，马上和参谋们商量对策，有主战派，也有劝和派，双方争执不休，直到蒋介石一封密报，要求张学良必须坚持"不抵抗政策"，以观后变。

张学良无从选择，听从了蒋介石的命令。"九一八事变"震惊了全国，日本人不费一兵一卒占领了东北三省，使之成为其附属地长达 14 年之久。

现在看来，张学良多少是为蒋介石的错误抉择背上了"不抵抗将军"的黑锅。于凤至在晚年的回忆录中也极力为张学良开脱，她认为张学良是主动将政府的过错揽在他一人的身上，使刚刚成立的南京国民政府不至于背负"丧权辱国"的骂名，维护了中国初步统一的稳定局面。

人言可畏，当时的流言蜚语似利剑般向张学良刺来，自接任父亲的位置以来，棘手之事一件接着一件接踵而至，根本不给少帅一点喘息的机会。人们甚至将矛头对准了他的"小妹"赵一荻，大众不仅把自己吸毒的根源栽到了她的头上，更是写出"赵四风流朱五狂"等不负责任之诗，指责她是红颜祸水，祸国殃民。

张学良的精神日益崩溃，他的毒瘾越来越重，原本英姿飒爽、俊逸飞扬的少帅如今面黄肌瘦，一夜白头，才三十出头的他看起来居然似一花甲老人。

赵一荻和于凤至见到少帅如今这副神态，无不以泪洗面、痛心疾首。她们轮番劝慰，希望爱人能够打起精神，重振雄风。但张学良何尝不想如此？无奈毒瘾深重，人言如剑，父仇未报，又再负骂名，而自己又百口莫辩，万事身不由己，少帅早已心如死灰。

于凤至见这不是事，又开始万方奔走，为丈夫寻找戒毒良方，她这次小心翼翼，不能再让他像上次一样，戒了鸦片，又扎上吗啡。在自己不在的时日里，于凤至让张学良的好友前来规劝，并让赵一荻照顾好他。这时，两个女人早已不是相见眼红的情敌，而是同一战壕中并肩作战的战友，她们目标一致，要帮助心爱的丈夫摆脱毒瘾，重振雄风。

这样的情况持续了两年之久。

1933年，张学良终于下定决心要戒除毒瘾。他甚至将一把手枪放到了枕下，向家人宣布，如若有人见自己毒瘾难忍，拿毒品给自己，他立马掏枪射杀，毫不留情。家人朋友见张学良有此决心，甚感欣慰。赵一荻激动得落了泪；而于凤至则相对冷静，她考虑到少帅因为吸毒而败坏了的身体，希望他在戒毒前能咨询一下医生的意见。

没想到，张学良居然勃然大怒，他猛地站起身来，指着于凤至的鼻子让她不要多管闲事。他之前吃过医生一次亏，这次他无论如何都不会再听信医生的话了。这怒气殃及池鱼，糟践了于凤至的一番好心。

但她丝毫没有生气，只是安抚着丈夫的情绪，让他以身体为重。最后还是在张学良的好友端纳的劝诫下，他才同意让医生介入。

漫长的戒毒生活了开始了，张学良毒瘾上来时为转移自己的注意力，拼命拿头撞墙，咚咚的一声声直接敲打在于凤至和赵一荻的心上。

待神志正常时，张学良单独将"小妹"叫入房内，于凤至虽心有疑惑，但也未置一言。张学良将原本放在枕下的枪，郑重其事地放到了赵一荻的手上。他告诉她，他的私人医生怕自己熬不过，常常会在房间的私密处放上药片，他有时熬不过还是会偷吃一两粒，但他知道要戒毒，此行此举是万万不可的。

张学良紧紧握着小妹赵一荻的手，一倾自己对她的信任之情。他千叮咛万嘱咐，一定要让她守住门，不要再发生类似的事。

赵一荻望着他形如槁木的面容，心疼不已，她含着泪点点头，发誓定会在门外陪伴他，直到他彻底戒除毒瘾。这段时间实在发生了太多的事，二人好不容易有单独相处的时间，却要谈论如此严肃的话题。他们对望甚久，相拥而泣。

于凤至见赵一荻拿着手枪出来，一脸疑惑，询问到底发生了什么。赵一荻将张学良的话一五一十地转述给她。于凤至点点头，拍拍她的手臂，让她千万不能辜负少帅的信任，便静静走开了。

她的内心说不出来地难受，于凤至不明白自己为丈夫做了许许多多的事，最后却抵不过这个才认识不过五年的女孩子？自己自18岁嫁入张家，至今已十年有余，却还未成为丈夫最信任的人，说来多讽刺啊。

于凤至百思不得其解，偷偷地抹了一把眼泪，便往厨房去安排张学良的午饭了。

至此，赵一荻每日都在张学良的门前的张望，张学良每天出来看到第一个人就是满脸焦急的小妹。于凤至远远地看着，并不过去打扰，她知道，自己只能做一个施予爱的大姐；而赵一荻，却能成为被丈夫捧在手心的小妹。

于凤至认命了。

惊闻西安事变

凭借着惊人的意志力，张学良终于戒掉了折磨他将近十年的毒瘾。但刚戒毒的张学良还是十分虚弱，他四肢无力，无法集中精神。

在于凤至、赵一荻、主治医生米勒等众人的多方努力下，张学良安心度过了一个多月的休养期，终于又恢复了以往的精神面貌。

"九一八事变"使张学良成了众矢之的、千古罪人。之后，他奉命保卫热河，但在短短十天之内便输掉了战争，国人将所有的怒气都投射到了他的身上。无奈之下，张学良只得引咎辞职，来自全国的声讨还是源源不断地向他袭来，蒋介石便建议他携带家眷，前往欧洲调整休养，顺便考察各国国情，也提升中国的国际影响力。

无官一身轻的张学良自然是欣然答应。无奈彼时毒瘾缠身，难以成行，因此欧洲之行也便暂且搁置。如今，张学良戒毒成功，欧洲之行又被提上日程。

恢复了活力的张学良筛选着随从人员，妻子于凤至自然在名单之内，但她并不希望张学良带上其他无关人员，这对少帅的名誉会造成不好的影响。

这"无关人员"指的当然是赵一荻。彼时,她虽然已为张学良生下一个儿子,但其名分上还是他的秘书。若此次欧洲之行,再带上赵一荻,本来就被人误认为是因为好色误国的张学良更有可能再一次被舆论推上风口浪尖,这对他未来的仕途极为不利。

然而,此时张学良内心本就摇晃不停的天平已经渐渐向赵四小姐倾斜。他一口否决了于凤至的建议,执意带上赵四小姐同行。

1933年冬天,张学良带着于凤至、赵一荻等人登上了开往欧洲的飞机。

欧洲之行的第一站是意大利,张学良尽管有二美相伴,在日常会晤领导人之外,仍无法克制住自己风流的本性。

于凤至看着张学良旧性复萌,深感痛切,她并不为丈夫的不忠而感到心痛,她在意的只是张学良的未来与口碑,"九一八事变""热河战役",像两把重锤,时不时地在于凤至的心口敲击着。

为了让少帅不沉溺于此,她催促着丈夫赶紧离开意大利,前往下一个国家。张学良认为于凤至过于多虑,西装革履地在国家礼堂会晤是外交,端上红酒在晚宴上跳舞也是外交,何必过于拘泥于形式呢?

最后他们还是离开了意大利,来到了德国,他在德国只待了几天便匆匆离去。之后,张学良一行人分别游访了英国、法国等,少年时的出国梦终于实现,张学良为切切实实的西方文化所感染,暗自决定要让子女们全部留在欧洲学习,这样才能培养他们更为健全的人格。

于凤至自然也是对欧洲文化向往已久，特别是在英国牛津大学和剑桥大学的走访，让她感触颇深。其学术体系之完备，治学理念之严谨，都是中国教育所缺乏的，她看到了自己以往所学的缺陷，自然萌生了和张学良同样的想法，但是让孩子们单独留在欧洲，她这个做母亲的又怎么放心的下？若是条件允许，她大概会留下来陪伴自己的孩子们学习。

正是这个念头，造成了她与张学良日后不可避免的分隔两地的结局。

张学良在欧洲游访了近6个月之久。当他抵达丹麦哥本哈根时，蒋介石的加急电报也拍到了他的办公室。国内政局不稳，蒋介石紧急召集张学良回国。

1934年1月8日，于凤至告别了欧洲自由民主的空气，再一次踏上了中国多灾多难的土地。张学良回国立马被授予官职，国民政府任命他为豫鄂皖剿共副总司令，她陪着张学良征战南北，辗转各地。但身为人母的于凤至怎么放心的下远在欧洲读书的子女们呢？

于凤至陷入了在丈夫和子女中间二选一的两难境地，如今国内形势严峻，正是张学良需要有人在其身边出谋划策、指点迷津的时候；几个儿女又独自在异乡求学，而且欧洲的局势也并不稳定，留孩子们在外，为人母的于凤至又实在放心不下。

最后，她的母性战胜了对丈夫的关切，她收拾行囊，再一次登上了前往欧洲的巨轮。她将丈夫托付给了赵一荻，于凤至不指望她能在决策上给予丈夫什么帮助，但一定要让她照顾好他的饮食起居，保障好他的人身安全。赵一荻明白于凤至的一片良苦用心，自然点头答应。

随着日本人侵略的步伐日益加紧，中国的大片国土开始流失，然而蒋介石却还一头栽在"攘外必先安内"的套路里，血腥地屠杀共产党人。张学良开始思考这种行为的意义，他不明白在日本人大举进攻的当下，蒋介石为何还要执着于自己的权位。蒋、张二人逐渐出现了分歧，一个主张继续剿共，保住自己的执政地位，一个则主张联共抗日，保卫中国。

中国的局势越来越紧张，张学良已是箭在弦上，不得不发。

那几日的张学良整天闷闷不乐，于凤至不在身边，他似乎找不到可以一诉心曲的人；赵一荻又比自己小了那么多，他不知道她是否能像大姐那样，为他分担军务上的烦恼。出乎张学良意料的是，这个小妹居然很有自己的主见，他开始将军务上的事向她诉说，并让她代表自己和一些共产党进行秘密联系。就这样，小妹逐渐取代了大姐，成为张学良工作上的得力助手。

远在海外的于凤至似乎有了一丝感应，她预感到中国将要发生一件大事，她无法预知吉凶，但隐隐感觉到这必然与自己的丈夫有关。但距离过远，于凤至只能跺着脚干着急，一封封书信被广阔的海洋，连绵的炮火所隔绝。她的预感越来越强烈，但却无能为力。

那一天终于来了。

西安事变爆发，全国哗然。

正当于凤至还在为张学良的未来担忧的时候，国内传来一个消息——张学良亲自护送蒋介石回南京,一下飞机便被蒋介石扣押,不日将送上国际军事法庭进行审判裁决。

于凤至听闻此事,几近晕厥。她只觉得天旋地转,难以撑持,一下子瘫倒在椅上。孩子们闻声前来,他们从来没有见过自己的母亲如此大惊失色过。于凤至终于忍不住,放声大哭起来,她抱着孩子们,像抱着所有的希望,但整颗心还是像被掏空了一样。

将胸中积郁多日的愁苦一泻而出后,于凤至还是恢复到了以往的沉着冷静,她红着眼睛,将张学良现在的状况向孩子们说明,他们似懂非懂地点着头。孩子不知道什么是兵谏,什么是军事法庭,只知道父亲现在很危险,自己的母亲要立刻回国救爸爸。

于凤至点着头,她不忍心将孩子们留在英国,独自回国,但没有办法,国内的境况更不稳定,再尘埃未落定之前,她不能让孩子们一起回去跟自己冒这天大的险。

当她再次与张学良相见时,已是在铁窗之前了。

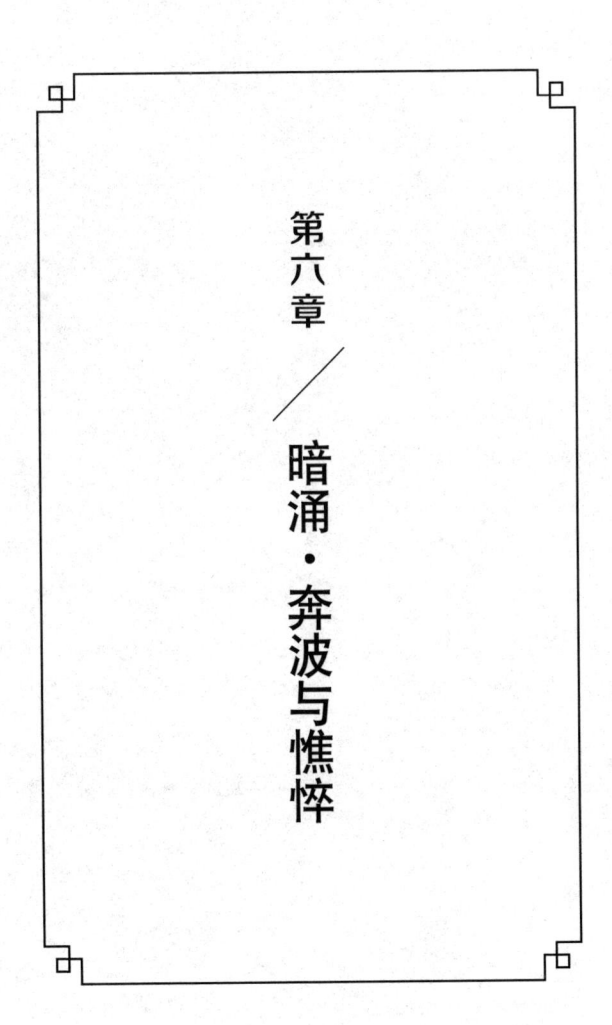

第六章

暗涌・奔波与憔悴

千里奔波，学良不良

飞机外的云海如波涛翻滚，正如于凤至起伏不定的心绪。她对未来毫无把握，现下被监禁起来的丈夫是否有生还的希望？若是生还，他该有多少年的牢狱之灾？蒋介石会这么容易地放过他吗？于凤至的心头充斥着种种不安的念头，它们啃噬着她早已疲惫不堪的身体。

时间被无尽的焦虑延长，十几个小时的航班犹如十几年般漫长。于凤至坐立难安，想要小憩一会儿，而黑白的梦境里显现的全是张学良忧愁落魄的面容，他的双眼因为囚禁而丧失了神采，但其中还是隐约闪烁着不忿与倔强的光芒，它召唤着她。于凤至恨不得插上双翼，能够顷刻飞到丈夫的身边。

到达上海后，义姐宋美龄和孔祥熙二人到机场亲自迎接。在他们口中，于凤至得到了张学良的行踪。

张学良送蒋介石回南京后，起先只是被安置在鸡鸣寺宋子文公馆，那时的他还坚信蒋介石虽然对自己和杨虎城的此举不满，但作为一国之首，仍会信守承诺，不对他处以任何消极性的举措，并且授以抗日职责，一了其抗战杀敌之愿。但万万没想到，蒋介石早已存了不良之心。之后张学良被一步步地卸去了武器、随从，他所居住的房间外，布满了手持重械的官兵。

这时，张学良才意识到自己被监视起来了。随后而来的就是军事法庭对其此次"罪行"的审判。

于凤至得知这个消息后，眼前一黑，差点晕死过去，她踉跄了几步，扶住一旁的茶几方才定住了身。宋美龄见状立马扶着她坐下，就在前不久，她的丈夫也遭受了囚禁之苦，她十分理解于凤至现在举目无望、茫然无依的心情；而且，身为蒋介石的妻子，她也为自己丈夫获释之后的行为深感愧疚。

宋美龄安慰着妹妹，让她暂且放宽心，事情应该还有转圜的余地。于凤至心中惨然，如何转圜？这分明就是要置张学良于死地！士可杀不可辱，堂堂东北军少帅就算要死，也只该战死于沙场，而现下却如笼鸟槛猿，缴械杀马，监视软禁，一身傲骨的少帅怎受得了此等屈辱？

于凤至一番话说得宋美龄哑口无言，她知道蒋介石这次此事做得欠妥当，况且丈夫已在平时的言语中透露出要让张学良"生不如死"的恶毒念头，她当然不敢把这告诉这个义妹，只得替丈夫承受着她的怒气和指责。

一番发泄后，于凤至也感到自己言语失态，对宋美龄说了不该说的话，她沉了沉气，稳住了自己的情绪。于凤至看着自己的义姐，眼中似要迸出泪来。她上前握住宋美龄的手，希望她能想办法，让自己和张学良见上一面。宋美龄看着于凤至因愁思和奔波而消瘦的脸庞，点了点头，答应了。

那年冬天，南京下起了大雪，可比起东北来，这算不上什么。于凤至并没有穿得很厚重，但当细碎湿冷的雪花冷冷地拍在她因疲惫而凹陷的脸颊上时，她还是感受到了些许凄冷，晶莹的南方之雪被过往的军车碾压成了肮脏的雪渍；沿路的冬梅被压弯了枝干，并不见诗中常言的傲骨。

与丈夫的久别重逢，居然是在牢狱之中，这是曾经的东北第一夫人万万没想到的。门口的侍卫对她进行了严密的搜查，于凤至心下冷笑，还怕这为丈夫的安危折磨得没有了人形的女人劫狱吗？于凤至摇了摇头，继续往前走着。

张学良听见走道的尽头响起了高跟鞋接触的地面的声音。这里怎么会有女人出现呢？被隔绝甚久的张学良已经有点木然，他并没有想到，这个女人会是自己的妻子。当于凤至出现在他面前时，张学良的脸上布满了惊讶与欣喜，甚至还有一点羞愧。

于凤至上前一把握住丈夫的手，她感受着他手中因常年持枪而磨出的老茧，她发现其中少了一些孔武，多了些苍老。于凤至抬头望着张学良的眼睛，她发现其中尽是悲愤。张学良不与人言已有多时，现下有了一个可信赖的倾诉对象，他似乎抓到了一根救命稻草，将自己的近来的遭遇与感受和盘托出。

张学良说他并不后悔此次兵谏，这是利国利民的大无畏之举。只是蒋介石欺人太甚，把自己当作囚犯关押，里三层外三层地派重兵把守，即使吃饭解手，也有多个特务在旁监视，毫无自由人格可言。

于凤至从张学良的言语中捕捉到了可怕的信息，她的丈夫精神几近崩溃，自杀的念头已在他的脑海中显现，他似乎要用一种近乎决绝的方法来控诉蒋介石的暴行。于凤至不敢想象丈夫自杀于狱中的样子，她不能日夜守候其旁，以防不测，只能对丈夫进行不停地劝说，来阻止这样的惨剧发生。

日后，于凤至在回忆录中清晰地记录了她当时对张学良所说的话语：

"在军事法庭上，你光明正大地说明'西安事变'的兵谏，是为了国家存亡的革命行为；是为了改正错误的政策而兵谏，不应承认有罪，这从得到蒋先生的允诺采纳我们的主张可以证明。既然我们认为不仅无罪而且行为正确，今天受到非法的囚禁，那就要学文天祥等仁人志士的为人才是，我们心有正义，历史会有裁判，怎么能丧失信心？何况你对东北军几十万将士有责任，对西北军官兵有责任，对儿女有责任，你要战死在前线的心愿未遂，蒋帮如此忘恩负义，背信弃义的报应未见；所以，不但不能自杀，反而要千方百计保住自己的生命才对得起人，对得起大帅在天之灵。"

于凤至这番话说得大义凛然，从国家、儿女、父辈、军队等全方位向张学良的自杀念头进行轰炸，终于将这脆弱的想法击打得奄奄一息。

只是这番劝解中，于凤至自己的位置在哪里呢？或许她知道现在的张学良并不关心儿女情长之事，或许她是怕自己在张学良心中人微言轻，不受重视，因为她同样小心翼翼地绕开了"赵四"这个名字。

张学良的脸上慢慢恢复了昔日将门虎子的神色，她知道自己的这番言语奏效了。她看着他握紧双拳的模样，好像要把自杀这种卑微的念头捏得粉碎，于凤至终于可以暂时放心了。然而未来的路会是怎样？现在也只能走一步看一步了。

审判结果下来了，蒋介石先是判了张学良十年徒刑，之后又"特赦"为"严加管束"。将其转移到自己的老家奉化溪口的雪窦寺中，严密监视起来。

于凤至隐隐意识到这个"严加管束"意味着什么，她当下决定即时南下，与丈夫同甘共苦。这时，张学良的精神状态再一次恶化，他见自己蒙冤受苦，复告无功，中国已为蒋介石一手遮天，毫无军法可言，信心日丧，还未死绝的自杀之念，又重新燃起。

蒋介石所在的中央其实也畏惧流言蜚语，在此关键时刻，他们也怕张学良的自杀会为自己的政府带来不好的影响。因此他们也决定让张学良的夫人于凤至与其一同居住，排解他的苦闷，以防不测。

于凤至穿着高跟鞋，在士兵的跟随下，行走在上雪窦山的唯一要道——"入山亭"上，这里到处都有重兵把守。宪兵们穿着军装端着机枪在各处巡逻放哨，电网将这里的诗情画意驱赶得一干二净。于凤至厌恶这样的环境，她不明白为什么自己的丈夫要受此屈辱，她怀着激愤的心情向张学良的居所走去。

那里照例还是有武装的士兵巡逻，他们看到于凤至前来，只是投去一个警戒性的眼神，然后便又面无表情地四下走动。于凤至被那些眼神盯得毛骨悚然，她无法想象自己的丈夫是如何在这种环境下生活的。

  树上鸟鸣声声，似要划破山上本已十分稀薄的空气，树枝上的积雪在太阳的照耀下，闪现出自己短暂的生命中最后的光芒。

  这段路于凤至似乎走了一年之久。当她来到张学良的居所前时，竟然突然有点不知所措。她似乎回到了那个待嫁的夜晚。她端坐在床前，等待着丈夫前来撩开她头上的嫁纱。她搓搓手，想要扭动已经由士兵开了锁的门把，好像突然想到了些什么，又将手缩了回去。

  身后的随从已经有点不耐烦，于凤至也为自己的行为感到可笑，她向他报以一个道歉的危险，理了理鬓边的碎发，整了整裙摆，推门而入。

  张学良侧躺在一张小木床上，上面只铺了一套简单的白色寝具，旁边的床头柜是木质的，边角上的漆已经因为使用年限过久而脱落，看起来显得有点寒碜。张学良像是一条拔去了利爪的猛虎，被囚禁在笼中。

  于凤至眼中一酸，开口叫了一声自己的丈夫，张学良方才如梦初醒，他没有想到居然能在此时此地见到自己的亲人，他沟壑日深的脸上淌下了几滴清泪。士兵将情况说明，便识趣地退了出去。

  张学良紧紧地握住于凤至的双手，这是他近日牢狱生涯中所见的第一道曙光。这时的于凤至虽然不知所措，但她还是强忍悲痛，宽慰着几近崩溃的丈夫，给予他重生的信心。

  被囚禁在奉化溪口的这段日子里，张学良的自杀念头越来越强烈，这一次，他并不是为了以死明志，而是真的为困难所打倒。

暗无天日的牢房,遥遥无期的监禁,已然打破了他内心的最后一道防线。

于凤至每日寸步不离地守在张学良左右,想尽一切办法转移丈夫的注意力:她带着他在雪窦山上行走,看看雪底下顽强生长的草;听听不惧严寒,仍旧坚守着家园的鸟,在不屈地鸣叫;她像初见时那样,与张学良对诗品书,赏鉴名画。

渐渐地,张学良从被软禁的阴影中走了出来,精神面貌也有了很大的改善,他原本就热爱运动,反正被软禁时无所事事,他就会在一旁的空地上和来监管的士兵一起打打网球。张学良本就生性开朗,待人热情,没多久他就在此地获得了好人缘。宋子文等之前与其交好的朋友也会时不时地送来一些物品以提升他的生活水平。

要是一直在这里也挺好的啊。

张学良有时会这样不争气地想。于凤至并不知道丈夫有这样的想法,只是在照顾他生活的同时还在为他的自由奔走,每日夜晚,她都会伏案桌前,写下一封封满是血泪的求告信,然而,这个世道多的是"识时务者",再加上蒋介石对他自己铺天盖地的正面宣传,那时几乎没有人愿意为张学良的获释效力。

那日清晨,于凤至照例为已起床的少帅收拾床铺,与之相随而来陪伴张学良的副官匆忙赶到房内,拿出一封信函,他见张学良不在房内,便把它交给了于凤至。

她心头闪过了一丝不祥的念头。于凤至展信而观,她从头到尾详细地读了一遍又一遍,方才相信信上的内容。

张学良送蒋介石回南京之前,将东北军托付给了王以哲,而此时,王以哲死于东北军的内乱,各部军长见群龙无首,为保自身,纷纷投诚中央政府。曾经显赫一时的东北军一夜之间分崩离析,被中央派遣至各处驻扎迎战。

如此一来,张学良即使获得自由也成了一个无家可归的人,没有了军队的司令,哪里来说话的硬气?于凤至紧紧攥住了手中的信函,她犹豫着该不该告诉张学良这个噩耗。才刚刚恢复生的信念的他,何以承受得住如此打击?他已经将父亲为他打下的东三省拱手送给了日本人,又经历了热河之败,如今身陷囹圄的他又要眼睁睁地看着跟了张家一辈子的东北军土崩瓦解,为他人所驱役……于凤至不敢再想下去,她要尽力瞒好这件事,她不能看着自己的丈夫在还未完全恢复过来之前再受如此重击。

这时,张学良已经从外面散步归来,推门而入,她见到于凤至一脸紧张地握着一张信函,便知又有什么坏消息从中央传来了。他心头一紧,随即也释然,最多不过人头点地,这又何足畏惧呢?只是这死得有点窝囊而已。

他向于凤至温柔地笑笑,拿过了她手中的信件,于凤至犹豫万分,将手中的信件往回扯了扯,摇了摇头,但生性宽厚的她又怎么会撒谎呢?最后,她还是将信件交给了丈夫。看完信后,张学良一屁股瘫坐在床上,如果自己现在死了,九泉之下又有何面目去见战死的东北军兄弟,有何面目去见自己的父亲呢?他大声地号哭起来,哭得外室的士兵无不惨然凄恻。

原本已然恢复了的张学良,这下又跌落到了谷底,他常常责怪自己没有保护好手下的将士们，对于王以哲他更是有两百万分的抱歉。张学良每日茶饭不思，无人处便偷偷抹眼泪，本来微微有点胖起来的身子，又慢慢地败了下去。

于凤至见他意志消沉，在自怜自艾中消磨了斗志，毫无一点男子汉气概，一日，她终于忍不住斥责了张学良。她在回忆录中这样说道：

"我们是经过这么多次的打击后到了今天，这是又一次的考验，挺过来，才有未来，才能尽到自己的心。如此悲伤，损坏了健康，不只亲者痛，仇者快，而且我们也不能向蒋介石这帮东西讨回公道了。"

这番话，将整日擤鼻涕抹眼泪的张学良拉回了现实，只有活着才有希望，若是死了，那么自己的一颗拳拳报国之心只能化为粪土，永无出世之日了。

渐渐地，张学良一颗脆弱的心得到了修补了，然而这对于凤至来说，并不能算什么好消息。

张学良开始思念在受困前被她送到香港的赵一荻母子，他甚至大着胆子向当局请求，将赵四接来与其相伴。

对此，于凤至无言以对，既然赵四来了，丈夫有了亲人的陪伴，情绪便不致失控，所以她暂时放下心，继续为丈夫的自由奔走，即日便奔赴上海了。

此后，于凤至和赵四小姐轮流来溪口陪伴张学良，囚禁的日子就这样一天一天地过去。

病如山倒，其心不改

时间就这样在溪口雪窦寺中不紧不慢地流逝着，于凤至陪着张学良听着每日的晨钟暮鼓，为蒋介石时而表现出的宽赦行为而开怀，也为他长时间的冷落而哀叹。

不久，战争的炮火打破了稳定的生活节奏。

"七七事变"爆发了，这标志着日本军队开始全面侵华。闻知此事的张学良简直是"垂死病中惊坐起"，他让于凤至取出他的戎装，他要上书蒋介石，请求他派自己上前线杀敌。

于凤至看到张学良兴奋的样子，自然也是由衷的高兴，日军的炮火点燃了张学良心中奄奄一息的热情，他那双因囚禁多时而黯淡下来的双眼竟然射出了狼似的精光。

请战书一封封地发往前线，然而每一封都石沉大海。张学良的脚步不再急促，他慢慢地坐了下来，好像一个做错了事得不到父母原谅的孩子那般懊悔无助。于凤至让他靠在自己的怀里，像母亲一样拍打着他耷拉下来的双肩，她不知道该用什么言语来安慰这个承受了一次又一次打击的丈夫，只得无力地说着，一切都会好的。

日军想模仿德国进军波兰的方式，企图用闪电战在三个月内拿下中国。起初，此战术确有奇效。在国民军还未反应过来之际，日军凭借着精良的军事装备，一路势如破竹，一举攻进了内陆。

关押着张学良的奉化溪口很快就被日军的铁骑践踏，蒋介石想到了他，但并不是要还他自由，送他上战场，而是要转移张学良的关押点。

于凤至闻知此消息后，立马帮张学良收拾行囊准备上路，转移成功尚有获释的希望，若是为日军逮捕或误杀，那可就万劫不复了。

张学良在此紧要关头还惦念着赵四。这当然无可指摘，或许我们还能将此作为其深情负责的佐证。他拜托友人替他送赵四母子前往香港，保证她们的人身安全。

于凤至只作充耳不闻，专心为张学良准备着临行衣物。丈夫可以肆无忌惮到在自己面前关心别的女人，公然忽略自己的感受，于凤至为自己的大度感到悲哀。在丈夫眼中，自己并不是有血有肉的女人，只是他孩子的母亲，抑或是体贴入微的大姐。

每每想到丈夫心中对自己的定位，于凤至总是忍不住地鼻酸，但是没办法，在她看来，这就是命。她自始至终都没有入过基督教，却无意识地始终如一地践行着教规。她隐忍、宽容，在最卑微处开出最绚烂的花。

然而，这条迁移之路，张学良走得并不顺利。

蒋介石命人将张学良和于凤至先押送至黄山，稍作安歇后便马不停蹄地押往江西省萍乡。这一路又要躲避日军的炮火,又要将二人按时送到目的地,司机和警卫员们大都焦虑不堪,脾气很大,甚至好几次对于凤至和张学良大呼小叫,曾经显赫一时的少帅和少帅夫人何时受过此等侮辱?然而虎落平阳被犬欺,如今二人也只得对此忍气吞声。

江西本就多山区,地况崎岖不平,再加上所用之车又是年久失修的老爷车,一路上颠颠簸簸,历经沙场的张学良都忍不住作呕,更别提从小养尊处优的于凤至了,但她还是强忍着剧烈的不适,硬撑着到了萍乡。

当二人终于能暂缓舒一口气时,蒋介石的手谕又马不停蹄地下来了,他命令押送人员立马将张于二人押送至湖南郴州。此地多是古代统治者流放官员之地,多少文人墨客在这里留下了流传千年的诗句,然而此时的二人,即使再有才情也无心赏鉴这些诗歌了。于凤至终于明白,蒋介石并不是单单为了转移张学良的监禁地,怕其趁乱逃跑,他更为险恶的用心是要在这穷乡僻壤的押送过程中,置他们于死地。

好一借刀杀人之计,于凤至喘着粗气,一脸苦笑。

她将自己的想法告诉了张学良,他点点头,表示亦有同感。

一轮弯月挂在枯瘠的树枝上,摇摇欲坠,狞着脸,朝着他们冷笑,有几只乌鸦飞过,留下了道道催命的叫声。

之后,蒋介石又将他们押往了湖南浣陵凤凰山,最终在贵州修文阳明洞中,暂时安置了张、于二人。

到这时,于凤至才长长地嘘了口气。漫长的迁徙生涯,生生磨去了她一张皮，脱去了她一层肉，原本丰腴的身子，现在都撑不起一件衣服，只剩得空落落的骨架在里面晃荡。她时常感到恶心头晕，坐久了一下子站起时，便觉得心慌气短，要缓好久才能恢复正常。于凤至将这些都归咎于一路上恶劣的环境，却没想到自己的身体已经开始渐渐地发生了变化。

幸好，南迁北移的日子终于暂告一个段落，于凤至想着可以好好地休整一下身心，继续为张学良的自由奔走努力。

这一路上，张学良也想了很多。尽管此中受苦颇多，但他至少摸清了蒋介石的真正想法：如果自己在这一路上禁不住颠沛流离之苦，死在了穷乡僻壤，那自然是最好，一个囚犯的自然死亡，那是再正常不过的；若自己命硬，熬过了这些苦难，那么迎接自己的必然是无休止的监禁。只要蒋介石在位一天，自己就逃脱不了囚犯的命运。

明白了这些，张学良反而释然了。

于凤至从丈夫渐渐放松的眉头中猜透了他的想法，如释重负。她知道自己丈夫当初的行为，是英雄的行为，历史迟早会给予他一个公平的审判，现下所有的苦难，只是给今后正名的桂冠。

自从到达修文后，此地一直都是阴雨连绵，于凤至常常会感到腰背酸痛，胸中仿佛盛了一盆子水，一走就痛。但她只是将这当作前一段时间疲于奔命的后遗症并未放在心上。

张学良来到此地后，也积极地开发着自己的兴趣。贵州修文的阳明洞历史悠久，曾是明代心学大家王阳明的遭贬之处，此地县志对此事也多有记述。

张学良闲来无事便开始研究明史,特别是阳明心学更是迷得他神魂颠倒。张学良常常于闲暇时与蒋介石派来监管他的刘乙光探讨心学,两个人聊起来就是一整天,兴致盎然,讲到动情处,甚至会大声辩驳起来。

于凤至就这样静静地在一旁看着他俩。尽管于凤至从小接受传统文化的教育,但对阳明心学却是知之甚少。惯于实践的人,总是难以理解形而上的抽象哲学。可她还是会托着腮,安静地听着,日子要是就这样慢慢地过去多好啊。没有战争,没有仇恨,没有赵四。

不行,于凤至每次想到此处都想狠狠地打自己几下,这种念头太荒唐了,怎么能够为了自己的一己私欲就让丈夫忍受监禁之苦呢?

她一面希望丈夫能找到一些有意义的事,来消磨漫长的监禁时光;一面又希望他不要沉迷于这种形而上的学问,从此对现实不管不问。于凤至好像一直都处在这种无限的矛盾纠结之中,但奇怪的是,她最后展现在众人面前的总是决绝果断的一面。

因此,于凤至每次听着听着就忍不住打断他们,一来她对此不感兴趣,二来她更想听刘乙光说下当下中国各地发生的事。若是一直过着"不知有汉,无论魏晋"的桃花源式的生活,一味地逃避现实以求得现下的安宁,那恢复自由一说又何从谈起?遭难落魄之人,尚不自救,又指望谁来施以援手呢?

张学良每次被于凤至打断后,总会摇摇头,无奈地笑笑,他知道大姐是为自己好,但若是连这点爱好,都要为所谓的自救所剥夺,那这监禁生活真的可以用"生不如死"来形容了。

来到修文后不久,贵阳当地就发生了一起惨烈的轰炸事件,连张学良初到此地时落脚的旅馆也被夷为了平地。原本,张学良还可以每周一次进到县城赶集,感受一下当地的风土人情,如此一来,他的活动范围再一次被缩小了。

张学良每日都闷闷不乐,连之前所热衷的阳明心学也不谈了。

于凤至不知如何是好,看到张学良好不容易回升的情绪,又一点一点地往谷底掉,她实在不敢想起张学良刚被监禁时那张阴郁的脸,她不能确定张学良脑中自杀的念头是否已经完全被扑灭,她害怕张学良最终仍会走上那条不归路。于凤至整日里陪着丈夫,就算晚上睡觉的时候都要醒来好几回,只有听到枕边人沉重而规律的呼吸声,才能再次入睡。

繁重的愁思正一点一点吞噬着于凤至的身体,她时常感觉胸口有小虫子在啃咬,轻轻的,偶尔会有一丝钻心的痛感。她能感到自己的身子正在起着变化,却又无法言明。而且她的全部身心都为丈夫的安危所占据,已经无暇顾及自己的身体了。

奉命来监视张学良的刘乙光,其实也是个老好人,他深知其中内情,对张学良也颇为照顾。他看着二人的情绪越来越差,心中也过意不去,万一出了什么岔子,自己也难逃其责。

因此,他投其所好,在修文建造网球场等,还举办一些球类比赛娱乐大众以调节监禁区的气氛。

张学良本就处于壮年,而且生性好动,刘乙光的这个举措正和了他意。原本张学良就是网球好手,一连几场比赛下来他都拔得头筹。赢了比赛出了汗，以往的抑郁仿佛也一扫而光。

于凤至虽是大家闺秀，但却颇具运动细胞。每次看着丈夫在场上挥汗如雨，情致高昂，她也蠢蠢欲动，想要舒展舒展筋骨。她一连参加了好几场羽毛球比赛，每次都把对方杀得片甲不留。

这一日，张学良刚和一个副官打完网球，于凤至便像往常一样上场"厮杀"。

这天的太阳有点大，火辣辣地炙烤着于凤至，她被阳光刺得只得眯缝着眼，头有点晕，胸腔仿佛被蒙上了一层牛皮鼓面。

咚，咚，咚。

心跳声在耳边清晰而有力地响着，同时还夹杂着风声，飞虫的鼓翼声，一旁张学良带着笑意的打趣声。

大概是坐久了吧，而且天也有点热？于凤至安慰着自己。

她强打起精神，抛球，挥拍。

"啪！"

她听到胸腔内，有些细胞被撕裂了，有些细胞重生了。它们在体内倾轧着、厮打着，为自己生存的一席之地斗得不可开交。

于凤至变成了那个羽毛球，朝着太阳飞了出去。

当她醒来时已经是在房内的床上。于凤至有种恍然隔世的感觉，她努力地回想着之前所发生的事，但脑海中却是一片空白。她挣扎地坐了起来，窗外的太阳还是那么大，大到让人双眼一抹黑，以致什么都看不见。

门口的帘子窸窣地动了一下，张学良矮着半个身子钻进了屋子。看到丈夫一脸关切的目光，于凤至有些欣慰，也有些焦虑。她知道自己肯定是生病了，也难怪，劳苦、愁思，一股脑儿地向自己袭来，这小小的身子怎么承受得住呢？大概休养一阵就好了吧。

张学良摸着于凤至的手，看着一条条突起的经脉从手背延伸到了小臂，这已经不是当初那条自己熟悉的温润玉臂了，但却更让自己感动和依恋。他张了张嘴，想把于凤至的病情告诉她，却始终开不了口。

知夫莫若妻，于凤至从张学良难言的神色中预感到了自己的病情，大概是个重病吧。死又何足惜？只是汉卿冤情未申，自由未得，她怎么放心得下让他一个人独自面对这人世间的苦难？想到这里，于凤至双眼一热，蓦地涌出泪来。

张学良也不禁心头一酸，但也只得强忍悲伤，将医生的建议告诉妻子。于凤至可能得了一种癌症，但是以当下的医疗条件是无法治愈的，只有想尽一切办法出国，才有痊愈的可能。于凤至半信半疑，癌症？自己怎么可能得癌症呢？她问丈夫，是哪里生了癌。张学良拿起妻子的手，点了点她自己的胸。

于凤至烧红了脸，丈夫怎么这当口还有心思开玩笑？这种地方怎么可能会得病呢？她用这里生养了四个孩子，这是生命的源泉，是女性的标签，这里怎么可能会有得癌呢？她不可思议地望着丈夫，却看到他凝重的眉眼，于凤至这才相信，这是真的。

接下来的几天，于凤至都在和丈夫进行着拉锯战，她并不认为自己的病有医生说得这么严重，自己的身体自己还会不清楚吗？而且，有她在这里，蒋介石尚且会顾忌她与其妻宋美龄的关系，不至于对张学良下毒手；若是她走了，丈夫孤苦伶仃的一个人，要怎样面对接下来的无尽岁月呢？

一面是张学良的苦口婆心，一面是于凤至的心似铁坚，在二人"角力"的当口，癌细胞也趁机在于凤至的身体内悄悄扩散。

无可阻拦的坚强

1940年,于凤至43岁。她时常望着镜子中的自己,掂掂自己胸前的二两肉,怎么都想不明白,这里,为什么偏偏是这里得了病?

医生说要开刀,西医就是这样,不管得了什么病都要开膛破肚,把好好的一个人儿割得七零八碎的;中医就不一样,手往棉布上一放,老先生翘着指头往上一搭,开几帖子药,虽然苦生生涩兮兮的,喝个十天半个月,保管药到病除。

于凤至从小就是这样,每次有个伤风感冒,父亲都会叫来镇上的老中医,他的胡子又白又长,像山羊似的。他总是挂着拐杖,偻着背,一件长马褂在身上晃荡,晃荡,每次看完病都会和父亲喝杯小酒,聊几句,母亲则忙着为她熬药,她现在一想起那药的味道嘴里还不住地泛口水,苦呀。

父亲,在自己刚出嫁没多久就去世了;母亲,没过几年也就撒手人寰。于凤至突然意识到,自己居然已经是40多岁的老孤儿了。她撇着嘴无奈地笑笑。不仅如此,在"九一八事变"后,日本人立马血洗了伊通县满井乡,那里是她母亲钱氏的老家,于凤至在晚年弥留之际才知道自己在东北已无一个表系亲人了。

还有孩子，不知道远在英国的孩子们如何了，是变高了，还是长胖了，于凤至多想伸出手摸摸他们的小脸，但伸手所触之处，皆为一片虚空。1940年，"二战"欧洲战场正战火纷飞，炮火连天，不知孩子们可还平安否？

困居一隅的于凤至，突然发现自己居然如此无力——父母逝世，儿女远离，丈夫被囚，每一件事都脱离了她掌控的范围。她摊开手掌，看着上面细细的纹路，它们朝着四面八方不断地延伸，好像要突破世界的局限一般，但掌纹们所有的努力在手掌看来，只不过是如蝼蚁般可笑的蠕动而已。

于凤至也是如此，什么"凤命"，这大概只是老天爷一时兴起，随便给自己的一个虚无缥缈的希望而已。可笑的是，自己却当了真，认认真真地活着，认认真真地恪守着自己的职责，认认真真地施予别人恩德，但结果呢？到头来只落得个家散人亡、无枝可栖的境地，唯一剩下的只是这个病难残躯。

于凤至知道自己病了，但是她始终不肯承认这个残酷的事实。张学良好几次都想看看她的病情，但她一直不肯。

于凤至想到千百年前那个"一顾倾人城，再顾倾人国"的李夫人，临死前患了重病，减了面容，消了玉肌，汉武帝多次探望，她都执意推辞。但是细思起来，李夫人又何尝不想在这最痛苦的时刻得到心爱之人的关心与陪伴呢？她怕呀，女人一旦对一个男人动了心，总是怕自己在对方心中留下不好的印象，李夫人如是，于凤至亦如是。

她每晚都将自己包得紧紧的,不想让丈夫看到自己胸前的丑态。张学良心中焦急万分,自己和医生的竭力劝说都无法让于凤至下定出国就医的心,他翻来覆去,不知如何是好。

看着丈夫为自己操心的样子,于凤至于心不忍,但又不想为了这个病留下张学良一人远走海外。知道的人自然明白她是去看病;不知道的,大概要把她的脊梁骨都骂穿了吧,丈夫身陷囹圄,死生未定,自己却忘恩负义,一走了之,远行他乡。于凤至一想到将来可能要承受的流言蜚语,更加坚定了她留下来的决心。

张学良和医生每天都在为于凤至的病情担心,他们甚至想秘密地联系宋美龄,将于凤至强制送出国外。但这毕竟不妥,张学良怕于凤至误会自己是要和赵四厮守才作出这样的举动。1940年,日军不顾国际条约,攻入香港,原本远离战争是非之地的一方净土也响起了隆隆的炮声,香港已经岌岌可危,不是可以避难的地方了,将赵四母子迁回内地是迟早之事。

但这必然要等到于凤至的病情有了着落才能施行,不然这对自己恩重如山的结发妻子会怎么想他张学良?当年她生子性命垂危,自己也能对其不离不弃,更别说如今二人患难与共这么多年,自己就算虎落平阳,她也还是相伴左右,无怨无悔,张学良说什么都要让妻子重获健康。

况且,张学良深知,于凤至向来身子骨健壮,那年的大病她都能咬着药挺过来,没落下什么后遗症,这次的癌症归根结底还是因为他。若不是自己受此困厄,要大姐殚精竭虑每日为自己担惊受怕,再加上这监禁之地气候湿寒闷热,与干燥的东北大相迥异,迁徙之路又让她受尽屈辱,穷乡僻壤,崎岖颠簸,内愁加外患,连自己这军人出身的精壮身子都熬不过来,更何况她从小养尊处优的娇躯呢?

他又回想起踏上飞往南京的飞机的那一刻。于凤至曾和自己说过,若是她在,是绝不会让他护送蒋介石回去的。他知道,这一去是凶多吉少,却也是势在必行;但若是于凤至苦劝,他也未必一意孤行,那自己也不会受此监禁之苦,妻子也会有个健全的身子。

张学良细细思量着,自从和于凤至结婚后,人生中每一个重要的决定都有大姐的参与,她帮助他走对了每一步棋;这次,她却缺席了,命运啊,也让这次南京之行成为他张学良一生的分水岭。从峰巅滑落至谷底,只需要一个航班的时间即可。

夜静得可怕,只听得见两个人的呼吸声。张学良下定决心,一定要让妻子出国治病。

那日,医生再一次为于凤至进行了全面的会诊。时至今日,于凤至已无法逃避现实,她的身体告诉她,她确实得了严重的病。

诊断报告出来了,医生一脸凝重,于凤至不敢听医生的话语,她沉默着背过身子,只留给张学良一个抽泣的背影。他搂住她的肩,往自己身上靠了靠,给了医生一个眼神,示意他可以把诊断结果告诉他们。

医生清了清嗓子,把诊断书上的报告一条一条地向他俩分析着。

于凤至每听一条就要紧捏张学良的手一下。最后,当医生说到如果不马上动手术，恐怕挨不过这一年半载时，于凤至仿佛被一阵狂风裹挟至不知名的远方，她一脚踩在了毫无承重能力的云上，一下子从高空坠落。

一年半载，手术，丈夫，孩子。所有的一切都在于凤至的脑海中盘旋。

她转过身，开了口，颤颤巍巍地问着医生，有没有在国内就能治愈的希望，或者只靠药物治疗就能痊愈。

医生望着她，斩钉截铁地给出了一个否定的答案。她必须出国，不然在这里只能等死。

"死"，这个字如一记重锤狠狠地砸在了于凤至的心头。怎么能死呢？重洋之外的孩子们还等着自己去和他们相会，汉卿的自由还等着自己去奔走争取，十多年前的那场大病，都没能让死神乘虚而入，如今这不知名的癌，更不能让自己向它俯首称臣。

于凤至抹了抹眼泪，所有人都望向她，等着她做决定。

她仿佛看到自己下飞机的那一刻，孩子们穿着刚被太阳烘暖的新衣服，带着灿烂的笑，向自己跑来；她看到张学良身着军装，登上了司令的委任台……

于凤至终于点了头。

张学良见妻子终于下定决心赴美就医，终于松了口气，他握着她的双手，止不住地说着"好"。

之后，于凤至开始着手联系宋美龄，请求她帮助自己联系医生，送往国外。但此时张学良由戴笠看管，若要见宋美龄必须获得他的首肯。二人战战兢兢，怕他横加阻挠，那于凤至就毫无生还希望可言了。

所幸的是，戴笠并没有在此事上多做阻拦，因此于凤至得以顺利地联系到了宋美龄。

昔日，宋美龄因为知道蒋介石的计划，所以对义妹纷如雪片的求助信件视而不见，但她又何尝不心如刀绞？对于这个义妹，她是真心实意的，但奈何二人所处的政治立场不同，虽不致兵戎相见，但也还是少有联系为好。

如今，闻知于凤至身患重病，亟须治疗，宋美龄昔日的姐妹之情与之后的愧疚之情，一齐涌上心头。阅罢特务送来的信后，她立马为于凤至定好航班，联系好美国的医生，安排好当地的住宿。她让于凤至不要有任何心理负担，只管治病，只要能痊愈就行。

于凤至也知宋美龄当初的难处，因此并没有真正地责怪她，如今，她又能放下夫家之间的恩怨，对自己倾力相助，于凤至自然是感激不尽。

自己的生命有了暂时的落脚点，于凤至又开始为丈夫担心。自己走后，谁来照顾张学良呢？其实这个问题，每个人都心知肚明，远在香港的赵四小姐，正等待着情郎的召唤，若得他一个点头，她能立马赶到他的面前。

于凤至其实宁愿如最坏的设想那样：戴笠不同意赵四前来，另外找一个老妈子照顾张学良的饮食起居。她害怕在自己身处海外的时候，丈夫被另外的女人所占有。但是，如果戴笠真的拒绝了赵四，那丈夫恐怕会更加难以忍受，身边没有一个心腹之人可以畅言心事，这遥遥无期的囚禁生涯该如何度过？况且，张学良的情绪一直不太稳定，如果有个可靠之人及时为其排忧解难的话，那么于凤至在国外也能更安心地看病，不至于一直牵肠挂肚。

念及此处，于凤至立马向宋美龄去信一封，请求她派人将赵四接来，代替自己照顾张学良。彼时，香港也因日本的进攻而沦陷，赵四也是不得不转移居住地。

于凤至身患重病，但一颗心仍悬在丈夫张学良身上。她不厌其烦地向宋美龄交代自己走后之事，言辞恳切，一封封书信大有诸葛亮《出师表》之余韵，读来催人泪下。

死别已吞声，生别常恻恻。

于凤至临行的日子越来越近，二人对未来充满了恐惧与不安，他们每晚相对无言，唯有声声抽泣伴着二人的悲叹。

"一切都交给我"

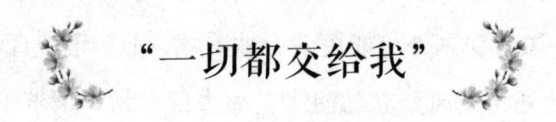

1940年,法西斯国家已经在"二战"中逐渐走下坡路,美国虽未参与到同盟国的阵营,参加波及全球的"二战",但它也在不断地为同盟国运送物资,输送兵力,为世界反法西斯战争献上自己的一分力量。

蒋介石所领导的国民政府在抗日的过程中受到了美国不少的援助,从一开始的发声谴责日本人肆意轰炸中国平民的行为,到之后组织人员深入一线,拍摄日本空袭中国的纪录片,激起了美国国内反战反日的浪潮,再到后来美国开始以各种名义借款给中国并且公开发表财政援华声明,同时还对日本进行经济制裁,停止对其出口战略物资,以牵制他们的后方军力。1941年"珍珠港事件"后,美国更是正式参与到"二战"中来,对法西斯公开宣战。

以上美国的所作所为都为蒋政府赢得抗日战争的胜利,提供了不可或缺的助力。而且,宋美龄也有着深厚复杂的美方背景,这也使蒋介石致力于与美国政府保持密切的关系。

于凤至将此次治病的国家定在美国,有三个目的:第一,是美国本土未发生战争,情势相对稳定,而且该国医疗技术发达,治愈希望较大；第二，宋美龄在美国有强大的人脉资源，通过她的安排，自己在美国不管是治病还是生活，都能有所保障；第三，也是最重要的一点，蒋介石是要依靠美国的，若于凤至能在美国立稳脚跟，这对于张学良来说不啻为一个天大的喜讯，他不但自由有望，就连获释后的落脚点都有了保障。

此次前行，于凤至不但要治好自己的病，而且要为张学良的自由奔走，美国是一个自由的民主国家，若是告知其事件的真相，他们定然会出手相救。尽管这个想法十分天真，但彼时的于凤至却是靠着这样的信念才得以支撑下去的。

窗外日升月落，日子一天天地过去，于凤至明日就要离开张学良，独自飞往美国治病了。这一夜，二人有千言万语要诉说，却都哽咽在喉头，未来的日子都蒙着面纱，谁都看不清这背后的脸是亲切的微笑，还是狰狞的面容。

沉默许久后，还是张学良先开了口。监禁的日子已近5年，他每时每刻不在思念着大洋彼岸的孩子。起先，他忧心忡忡，害怕蒋介石会对自己的孩子下手，但这么多年过去了，蒋介石只是将惩罚施在自己身上，并没有迁怒于他的孩子们。

张学良叮嘱于凤至，到达海外后，务必要将在英国的孩子接到身边，将他们抚养成人。张学良无比期待一家团聚的日子。

每逢月圆之日，他都会想起当年在大帅府，一家人在中秋之夜其乐融融地欢聚在月下。那时候，父亲还没有惨遭不测，自己仍是一个雄心壮志、前途远大的有为青年，身边有贤良的妻子，她的怀里抱着他们的小儿子，那年他才2岁，尚不能自己进食，一旁的五妈妈和二妈妈分别抱着自己的二儿子和大儿子,大女儿闾瑛已经5岁多了,她很乖,一个人端坐在椅子上,伸出胖乎乎的小手,夹着大盘子里的菜。

于凤至的脑海中也回忆起一家人欢聚的情景,她何尝不想念自己的孩子呢?然而现在一切都已经物是人非,与大帅早已经天人永隔,五个婆婆更是生死未卜,孩子们独自在英国亦不知情况如何……于凤至的心里装着的人太多了。

而眼下,最重要的就是自己的三个孩子,小儿子闾琪命薄,年仅12岁便已长逝,剩下的三个孩子变成了于凤至的心理支柱。眼下,风光不再,自身难保的张学良已经不能成为他们的庇荫,蒋介石的国统区,他们是无论如何都不能再回来的了,而且欧洲战场情况复杂,她必须将孩子们接到身边,方能放心。

她回想起每天听着张学良唱的"四郎探母":

"我好比笼中鸟,有翅难飞。"

这是丈夫的真实处境啊,此中的深切痛苦他无法言说,只能通过这种方法排遣。于凤至再也不忍心听昔日叱咤疆场的丈夫唱如此悲切的歌了,她要坚强地撑过去,要知道,张学良唯一的希冀,都寄托在她身上了。

窗外的天空已隐隐发白,远处有几声鸡鸣回荡在空旷的群山中,不知不觉,二人已聊到了天亮,于凤至全无睡意,这是她第一次与丈夫彻夜长聊。正如那一次与死神擦肩而过时张学良给的那个承诺,这次谈话,也被于凤至小心翼翼地收进心底,她将珍藏一世。

张学良伸伸懒腰,准备起床,于凤至望着他的背影,好像想起了什么事,她一把搭住他的肩,严肃地看着他,张学良被妻子突如其来的动作吓得不知所措,于凤至让丈夫务必要答应自己,在她不在的日子里,一定要把自杀的念头统统消灭,把所有的一切都交给她。终有一天,他们一家人将在大洋彼岸的美国团聚。

于凤至还没说完便泣不成声。她意识到自己的这番话就像临终遗言一样,未来吉凶难卜,他们是否还能有再见之日呢?张学良绕过了于凤至的话题,他攥着她的手,柔声叮嘱她在外要好好治病,不管什么事,都等到身子好了再考虑。

张学良像告诫初次出远门的孩子一样,语重心长,情真意切。于凤至的脸色逐渐和缓下来,她静静地听着丈夫最后的絮叨,心底一阵暖流缓缓升起,逐渐淌遍了全身。

于凤至起身更衣梳妆,她摸到了自己的乳房,硬块似乎更多更大了,表面的凹凸不平比以往更甚,她苦笑着,与丈夫聊了那么多,却把这最重要的一茬给忘了,她不知道自己是否能挨过这一劫。若是不争气,命丧手术台,那夜中所谈之事全部都将变成泡影,孩子们都将成为孤儿,张学良的自由亦无从谈起。

她看到夜中所构筑的美好幻影被一块块黑色的巨石击碎,于凤至不敢再多想,此时此刻的她必须要坚定信念,这是一场只能赢不许输的战争。

张学良由于行动受限,不能亲自送于凤至前往机场。二人在修文住所的门口依依惜别。张学良因人生巨变而华发早生,于凤至也因身染重病而姿容顿减,老天爷连这两个坎坷多难之人互相取暖的资格都要剥夺,于凤至恨恨地埋怨着上天的不公,但想到赵四不日即将到达此地,代替自己照顾张学良,于凤至也就稍稍心安。不管她答应了戴笠什么条件,不管她今后会对自己构成什么样的威胁,总之,张学良不会孤苦伶仃地一个人唱着"四郎探母",抱恨而终。

于凤至定了定神,送行千里,终须一别,她知道说再见的时候到了。

张学良记得很清楚,于凤至最后留给自己的是一个坚定的眼神,以及那一句:"一切都交给我。"

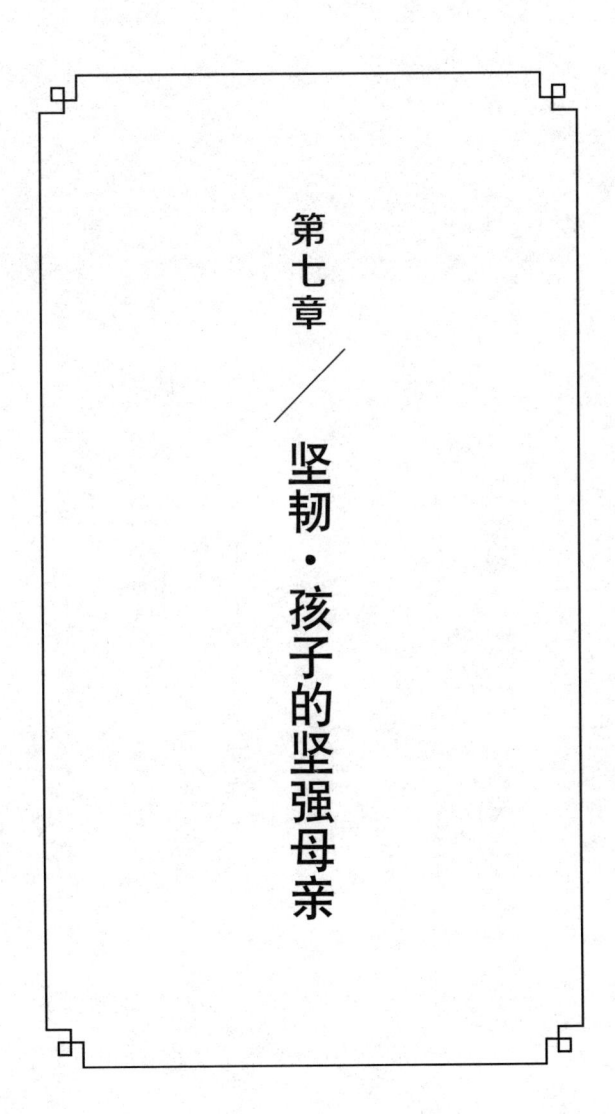

第七章

坚韧・孩子的坚强母亲

癌症袭来，聆听心声

1940年6月，美国纽约的天气尚属温和，不太热。机场上的人熙熙攘攘，有些神色匆匆，似有十万火急之事；有些则和颜悦色，为回到家乡而感到心安。于凤至在美国的土地上，终于闻到了久违的自由的味道，然而，这却是以生命为代价的。若是可以选择，于凤至宁愿留在那个穷乡僻壤与丈夫同甘共苦，也不愿拖着残躯，远离家乡，独自奔赴海外。

宋美龄为于凤至安排的主治医生彼尔亲自到机场迎接这位曾经的东北第一夫人，在高鼻深目的外国医生眼中，这位夫人尽管身患重病，但仍不失东方女性的高贵风韵，他按照国外的礼仪，拥抱并亲吻了这位女士的脸颊，以示敬意。

于凤至虽然有在欧洲生活的经历，但此时想起来已恍如隔世，况且监禁期间也并未和其他男人有肢体上的接触，因此，彼尔先生的这一行为多少让心境郁结的于凤至有些尴尬。但她仍保持优雅的风度，以礼回之。

彼尔先生将于凤至接到了医院，他指出这次治疗的时间非常紧迫，于凤至必须马上手术，若是癌细胞扩散，则必然危及生命。

于凤至已经做好了充足的心理准备，她点点头表示同意，仔细地听着彼尔为她规划手术方案。但听着听着，她似乎感到有一丝不对劲。

手术难道不是把乳房切开来，把肿块这些坏东西都取出来，然后再缝起来吗？为什么会听到"切除""割尽"等字眼？

大概是听错了吧，于凤至心里暗暗想着，女人的乳房怎么可以割下来呢？美国人再大胆也不会动这最神圣的部位吧。再仔细听听，肯定是自己听错了。

一旁的彼尔为她耐心地讲解着，他希望她的病人能够足够了解自己的病情，这样才有助于今后的治疗。眼前的这个病人和其他人不同，她似乎相当配合，对他的治疗方案没有提出任何异议，或许这就是东方人的特质，内敛、含蓄，即使有不满和疑问不轻易说出口。

彼尔将整整五页纸的治疗计划都讲解完了，而眼前的这位女病人只是静静地听着不说话，他不知道，其实于凤至一直都在"切除"这个词上打转。

于凤至很想开口向彼尔先生问明白，这个手术到底要将自己的乳房破坏到何种程度，在自己的胸口上留下一道疤痕已经是勉为其难了，若真的要整个切除，那还得了？于凤至不敢开口，她怕从医生嘴里得到一个肯定的答案。

彼尔看着呆若木鸡的于凤至，轻轻地询问着她对自己所安排的治疗方案有何意见。该来的总要来，于凤至鼓起勇气问出了心底的这个问题，她不敢看彼尔的眼睛，只是把眼神落在他身后的大书柜上。

彼尔医生听到这个问题后有点哭笑不得，得了乳腺癌还想要保住乳房，这几乎是痴人说梦。但近来他和中国人也打了颇多的交道，突然想到了东方人有着根深蒂固的"身体发肤，受之父母"的观念，他也便理解了于凤至的心理。彼尔耐下性子，为于凤至再次解释了切除乳房的重要性。

于凤至突然把放空的视线收回，直愣愣地盯在了彼尔的眼睛上，她几乎是一字一顿地问他，是否还有其他的治疗方法，她明确地提出，她不愿意也不可能割掉自己的乳房。

彼尔被于凤至突如其来的坚决吓到了，他甚至有些愤怒，彼尔不明白眼前的这个中国女人为何如此冥顽不灵，她这是在拿生命做赌注，若是能延长自己的性命，那么切除两个乳房又有何妨呢？

但于凤至仍然坚持，她不接受这个切除手术。彼尔无可奈何，只得给出了第二种保守治疗的方案，即主要靠药物杀死癌细胞，并且辅以系列小手术以观后效。

于凤至听后喜笑颜开，当即拍板，就用保守疗法治疗癌症。

彼尔医生无奈地笑笑，最后也只能接受于凤至的选择。他只知道这是东方女人固有的保守，却不知她心中藏着另一番心思。

张学良虽然一直把于凤至当作大姐看待，但于凤至却始终如一地把自己当成他的妻子。她这一辈子最得意的事不是帮助丈夫做出了一个又一个重要的决定，而是为他生养了三儿一女。于凤至再能干，她始终是一个女人，一个从旧时代出来的女人。她逃不开昔日的思想牢笼。在于凤至的心底，一个女人生了孩子，她的人生才是完满的，而孩子的孕育一离不开子宫，二离不开乳房。前者给了他们生命，后者让他们成长。子宫如果没了，可能还难以从外表上让人察觉；若是乳房没了，怕是走路都不敢抬头挺胸，从今往后都要低人一等了。

于凤至近乎固执地认为，只要乳房还在，张学良就会把自己当作一个妻子看待。只有看到它们，他才会想起这个女人曾和自己有过肌肤之亲，为自己生儿育女。在这一点上，于凤至必须与赵四平起平坐。

她要为他保留着完整的躯体。

这个念头在于凤至的脑海中整日整夜地显现。她是张学良的女人，她必须是完美的。

在医院观察了一段时间后，彼尔医生用X光精确定位了于凤至乳房病变的位置，开始用保守疗法对其进行治疗。于凤至看着美国医院中先进的仪器与专业的医务人员，逐步提升了信心，她相信不出几时，自己就能痊愈出院，那时候她就能将自己的孩子接到身边，全力为丈夫的自由奔走呼告了。

于凤至高兴地给张学良写去一封长信，字里行间漫溢着兴奋之情，好像明天就可以出院了一样。

然而，于凤至似乎高兴得太早，这一年内，她吃了无数的药，不管怎么漱口，她的嘴中都有一股涩涩的药味；就连梦中，都是护士推着冰冷的小车，来给自己喂药打点滴。渐渐地，她从彼尔医生焦虑的脸上看到了失败的阴影。

但于凤至始终不肯承认保守疗法的失败，她还在坚持着。至此，为了配合药物治疗，她已经做了三次小手术了，白皙的皮肤上，三条红色的疤痕，每天都狞笑着向于凤至招摇，它们嘲笑着她的泥古不化，嘲笑着她的无谓坚持。于凤至穿上了衣服，她选择对此不予理会。会好的，最多再半年，自己肯定会好起来的。

她还是每月不间断地在给张学良写信，只说自己在慢慢地好起来，却对实际的治疗情况只字不提，一来她怕自己也动摇对保守治疗的信心，二来也怕张学良为自己担惊受怕。

但于凤至自欺欺人的日子很快就结束了。

一日，彼尔拿着于凤至的体检报告，神色凝重地走进了她的病房。于凤至早就预感到了什么，彼尔沉重的步伐证实了她不安的猜想。医生告诉她，必须马上做乳房切除手术，她身体内的癌细胞已经有转移的迹象，若再不手术，她必然性命难保。

于凤至还是拒绝了。

医生总是危言耸听，刚来时，他也说自己必须马上切除双乳，但经过一年的保守治疗，自己不是也在康复吗？就是时间的问题吧，两条路反正最后都是通向同一个终点，自己可以等，但这个身体，必须要完整。

这次彼尔动了气，他严厉地斥责了于凤至，他认为她只是为腐朽的观念所驱使，丝毫不顾及自己的安危，这是相当愚蠢的做法。保住了双乳，丢了性命，这是完全就是因小失大，丢了西瓜捡芝麻。

于凤至任其指责，不置一词。她知道医生是为自己好，但她有自己的打算，一场"乳房保卫战"就此打响。

彼尔找来了于凤至的义姐宋美龄，宋美龄又找来了孔祥熙，二人晓之以理，动之以情，轮番对其进行劝说。然而于凤至仍然无动于衷。最后甚至连当时美国的第一夫人——肯尼迪夫人也前来探视，但于凤至仍躲在高高的壁垒之后，不作任何妥协。

一日，于凤至的病房中来了一位特殊的客人。她在晚年的回忆录中这样描写此次会面的情形：

"一位西安来的李老先生，在女儿的陪同下来看我。他说西安，西北的老百姓都为汉卿的处境惦念，都要为争取汉卿的自由，和蒋介石政权斗争到底；说汉卿为救国所做的事，老百姓都感念在心。临走时留下一百元，请我代买些食品转送给汉卿，我不收，他边擦眼泪便道别，留下钱而去。"

于凤至握着李老先生强留下的钱，眼泪无声地淌下来。尽管远在海外，尚有人心系汉卿，远道而来看望自己，而自己却为了保留在张学良心中的所谓形象，固执地浪费了一年多的时间。她忘记了张学良临走前的嘱托，忘记了孩子们，她只在自己狭窄的世界里打转。

白色的床单早就被浸湿，于凤至的眼泪如开了闸的洪水，肆意地涌出，这一年来她受了多少苦呀，她一直等着康复的那一天。其实从一开始自己就走错了道路，结果南辕北辙，愈行愈远，她自责，她后悔。然而没有人施予她理解的拥抱，只有清冷的月亮，在窗外淡淡地觑视着她。

第二天，于凤至径直来到彼尔医生的办公室，告诉他自己决定做乳房切除手术。彼尔为于凤至突然转变的态度感到高兴,这个固执的东方女人终于肯为自己的生命着想了,他立马着手为于凤至安排手术。

尽管做了这个决定,但于凤至的内心并不开心,她甚至有些后悔,为什么坚守了那么久的堡垒如此轻易就被攻陷了呢?说不定再等等,哪怕再坚持一个月,病就好了呢?然而,如今已是箭在弦上,不得不发了,于凤至只能与自己的乳房挥泪说再见了。

那次手术实在是刻骨铭心啊。

医生从她的脊椎骨刺入一剂麻醉针,她咬着牙,忍住这钻心的疼痛。慢慢地,她感到自己的灵魂在向外抽离,胃内涌起一阵阵酸水,她想呕吐,喉头却干干的,只能梗着脖子咳了几声。她想拉住拼命往外跑的灵魂,那边却用尽全力挣脱她的双手,终于与肉体分离,飘散到不知名的地方游荡去了。

几个小时候后于凤至悠悠地醒转过来,她只觉得口干舌燥,护士见其睁了眼,立马夹了一片浸水的西洋参片贴在她的嘴唇上。

于凤至做了一个长长的梦。梦中,她怀抱着一对鸽子,一个面容模糊的白衣人看到她,不由分说地就上前抢夺她的鸽子,鸟儿被吓得扑闪着翅膀,咕咕地叫着,于凤至奋力保护着它们,然而最后还是白衣人胜出,他一把抢过了它们,将其高高举起,用力地掼在地上。鲜红的血缓缓地从鸽子们的小脑袋后流出,渗入了地缝,钻进了于凤至的脚底,一股黏腻的触感顺着她的身子缓慢地往上爬,似藤蔓般将她紧紧缠绕,勒得她喘不过气来。

她知道胸前的一对小白鸽已经飞走了,于凤至想抬手去摸摸,这里是不是已经变成了两个黑窟窿?她不敢想,不敢碰,只是默默地躺着。于凤至没有哭,脑海中只是回响着一句:

"汉卿我对不起你。"

然而,厄运远没有结束。术后,于凤至被查出癌细胞已经扩散至全身。如今只有尽快化疗,杀死癌细胞,才能救得一命。

术后的于凤至身体还甚是虚弱,但为了尽快痊愈,她马上接受了化疗治疗。比起手术的快刀斩乱麻,化疗更像是钝刀切烂肉,它只是一次一次地慢慢磨,在杀死癌细胞的同时,于凤至体内健康的细胞也成为惨遭牺牲的炮灰。

她的身子越来越弱。强力的药效损害了她的肠胃功能,她吃不进任何食物,只要嘴里有一丝味道,于凤至就会开始强烈地呕吐,整个房间开始天旋地转,她甚至不知道身处何方。

每天早晚由看护人员扶着在梳洗台前洗漱的时候,于凤至都会看见自己的头发一整把一整把掉,整个洗手台,都是黑密如海草的头发,它们因为沾了水,歪七扭八地粘在瓷砖上。但这种日子没有持续多久,于凤至的头发不出一周,就掉得精光了。

她不敢再照镜子,更不敢脱衣服。若是一开始就不作无谓的拒绝,现在也不会受那么多苦,她有些后悔,但如今也只能打落牙齿和血吞,她不敢告诉张学良自己的处境,光是用言语描述自己现在的外貌,都让她胆战心惊。

于凤至感觉自己每天都像行尸走肉一般生活在医院中,她看不到痊愈的希望,死神每天都在角落中窥视着她,想趁人不注意,就把她带入另一边黑暗的世界。但她还怀抱着生还的希望。张学良临行的嘱托声声在耳，于凤至告诉自己，要振作，自己来美国可不光是治病的，还有更重大的任务等着自己去完成啊。

她把来美国后张学良寄给自己的信件拿出来日日摩挲，由于管制的关系，张学良并不能在信上书写太多，但她分明感受到了那端的爱意与关心。一想到丈夫还每日在深山中唱着"四郎探母"，她的心就一阵阵地绞痛。

不能死，绝对不能死。

怀抱着如此信念，于凤至居然一日一日好了起来，化疗的次数越来越少，到最后只要靠药物就能维持健康。原本光秃秃的头上长出一点点刺刺的头发，于凤至摸着探头探脑的它们，不禁笑出了声。但一想到，胸口的一对小白鸽一去再也不会复还，她的眼神便黯淡了下来。

可这又何妨呢？关键是她已经痊愈了。

守护张家的血脉

如今，于凤至在美国也生活了一年有余，窗外的树木又抽出了青翠的嫩芽，清晨的露珠在柔丽的花瓣上翻滚，倒映出这一方水土的生机。这儿的鸟和中国的鸟没什么两样，每早天刚蒙蒙亮，它们就站在枝头啾啾地叫着，吹散了夜晚的沉谧，吹散了凌晨的薄雾，也吹散了于凤至心头的阴影。

这一年多的治病时间对于她来说简直就是一种折磨、一项酷刑。国内被监禁之时，身边尚有丈夫作为自己的精神支柱，心境抑郁之时，二人尚能促膝而谈，稍作排遣。而如今，自己只身一人，又遭到毁身落发之痛，异国他乡，无人可诉，到底该怎样熬过这漫漫岁月啊，连于凤至自己都难以想象。

可喜的是，生命的奇迹再一次在于凤至身上显现。彼尔医生都没想到，这个东方女人可以熬过此一大劫。在之后的一次会话中，于凤至向他吐露心迹，这时他才明白，于凤至身上以前被他称作"固执"的东西，应该用"坚韧"来定义。

出院的日子越来越近，于凤至已经迫不及待了。她为自己挑选了一顶漂亮的帽子，她的头发现在还稀稀疏疏的，像夏日刚剃了头发的小男孩，一顶亮丽的帽子可以为逐渐康复的她增色不少。于凤至又买了新衣服，原来的旗袍都是量身定制，手术化疗后她少了两个乳房，身子也消瘦了很多，旧衣服穿在身上仿佛罩了两个巨大的灯套，晃晃荡荡，跟小女孩偷穿了妈妈的衣服似的。

于凤至笑笑，她现在已经能接受胸前空落落的样子了，她甚至戏谑着想，这不是回到了少女时代了吗？多好，青春永驻呢。

这一天，风和日丽。于凤至提着大包小包，来到了医院门口，彼尔亲自将她送到门口，对她千叮万嘱，一定要按时吃药，每个月的定时复查千万不能忘了，不可过度劳累，深思过久，要知道她的这个恶疾就是为着愁思满怀而患上的。

于凤至看着彼尔医生絮絮叨叨的样子，忍不住笑了，其实她内心是感激的，能在异乡遇到如此关心自己的人，这给于凤至孤苦的住院生涯平添上了一丝温暖。

离别的时候还是到了，彼尔医生像一年前迎接于凤至那样，给了她一个拥抱和一个吻，这次于凤至没有丝毫慌张，欣然地接受，并向这个善良的人挥手告别。

出院后，于凤至按照孔祥熙所给的建议，远离了局势复杂的纽约，另觅安静的处所。孔祥熙一直对于凤至照顾有加，他在洛杉矶好莱坞附近的山顶上看中了一套小平房，十分适合于凤至养病和生活，他托人带话给于凤至，让她前去看房，若是喜欢，他便赶紧出手买下，好让于凤至尽早在美国安定下来。

于凤至来到孔祥熙所说的住所，这里果然道狭人稀，她很喜欢这个房子，于凤至托友人将自己诚挚的谢意传达给孔祥熙，便自己掏钱买下，并没有让他掏钱。

不日，于凤至便从临时住所搬出，在这套房子内定居。如今，身体已无大碍，她要完成丈夫吩咐给自己的第一件事了。

于凤至通过友人的帮助，终于联系到了在英国伦敦生活了五年之久的孩子们。他们在伦敦的监管人接到于凤至的电话后，欣喜万分，赶紧忙活起来，为孩子们收拾行李，预订机票，希望能让他们母子早日团聚。

孩子们也笑逐颜开，自从母亲1936年匆匆一别，他们已经有多少年没有感受到母亲亲切的问询和温暖的怀抱了？每当周末，看着邻居家的孩子由父母牵着外出玩耍时，张家三兄妹总是歆羡万分。后来，法西斯的铁蹄又践踏了大不列颠的国土，三个孩子跟着寄养家庭的大人们四处逃窜，父亲被囚的噩耗已经传到了国外，他们一面为家人担心，一面为生计困愁，三个小人儿承受的苦难实在太多了。

如今，母亲已经到了美国，虽然他们不知道为何在父亲正遭受牢狱之灾之时，母亲得以获得自由，定居海外，但毕竟是要见到平生最亲的人了，孩子们也无暇考虑太多，他们像一群第一次飞赴南方的小候鸟，其中的喜悦之情难以言说。

经过几个小时忐忑不安的等待，孩子们终于来到了美国，他们很奇怪为什么母亲没有来机场接自己，若是以前，她肯定会在不远的车厢中翘首以盼。来接他们的约翰逊夫妇只是说他们的母亲在洛杉矶好莱坞山顶上的家中等着他们。

张闾瑛是三个孩子中的老大，今年已经20多岁了。自从监管人告诉她的母亲要接他们去美国的那一刻开始，这个姑娘就感到了些许不对劲，母亲为什么不先来伦敦接自己然后再一起飞往美国呢？为什么母亲会住在山顶这样偏僻的地方？这是定居，不是休假，一向妥帖的母亲做事怎么可能会出现如此大的漏洞？

小姑娘带着一肚子的疑问，带着弟弟上了约翰逊夫妇的车。这对美国夫妇是于凤至在此地的好友，他们对她相当照顾。于凤至身体并未痊愈，不适合长时间坐车，而机场离她的住所又有相当一段距离，因此他们主动提出，要帮于凤至接孩子回来。在车上，约翰逊夫人对孩子们嘘寒问暖，询问他们在伦敦的生活。孩子们很有礼貌，对她的问题一一答复。

不愧是于凤至教导出来的孩子啊，温和懂礼，只是最小的一个孩子，为什么看起来总是呆呆的？问他话也总是言不对题，或许是性格关系？约翰逊夫人也没多想。因为张闾瑛这孩子率性健谈，她成功地吸引了两夫妻的注意力，一路上三人交谈甚欢，张闾珣偶尔也会插上几句，只是最小的孩子张闾玗一直不参与他们的对话，一会玩着手指，一会嘴中念念有词，不知道在念叨些什么。

那辆车绕着盘山公路，七绕八转，终于来到了于凤至的住所。

近乡情更怯。于凤至已在房内坐立不安很久了，她听到房外车子发动机的声音，立刻起身跑到窗前，将帘子拉开一道缝，偷偷地看着。先是张闾瑛下车了，她还是那么懂事，马上帮着约翰逊夫妇去后备箱拿行李。大儿子张闾珣也下来了，小伙子一下子窜得那么高了，她拿起手在自己头上比了比，幸福地笑着。再转头看时,张间瑛又返回车厢,牵着老三张间珂出来了,于凤至摇着头笑笑,这么大人了,还要姐姐叫才出来,也不害臊。

她看着自己的小儿子低着头猫着腰从车里钻出来,她等着他抬起头,好看清他的脸庞受到了岁月怎样的雕琢,鼻梁肯定更挺了吧,两道眉毛肯定已经像他爸爸的那样如刀剑出鞘般锋利。

然而,于凤至看到的却是一张呆滞的脸,没有任何表情。这是怎么了?她不记得自己的小儿子有晕车的毛病啊,为什么现在的他会是这样的面孔?

还在她疑惑的时候,热情的约翰逊夫人已经替孩子们拿来行李,在廊内敲门了。于凤至将帽子往下拉了拉,盖住灌木丛般杂乱的碎发,整了整宽大的衣服,拉开窗帘,然后跑去门口开了门。

这时三个孩子也已经走到门外了。

在他们眼中,母亲好像刚从一副古旧的画中走出来似的。

现在天已经转热,她却还带着一定不合时宜的黑帽子,显得她的头像枯崖边的石头似的,又扁又小。一身宽大的长袍遮住了她原本的曲线,整个人就像欧洲中世纪古堡里的断壁残垣,了无生气。

站在他们面前的已不是当年那个风姿绰约的母亲,张间瑛一见母亲苍老得如同一棵古树,心下的惊愕之情顿生,她哽咽地喊了一声"妈",眼中瞬间汩汩地涌出了泪水。因为别离得太久,于凤至竟然不知道如何去安慰女儿才好,她迈开颤颤巍巍的步子,向女儿走去,前头的张间瑛早已放下行李,向她快步走来,她一把抱住瘦弱的母亲,两个肩膀因抽泣而抖个不停。

于凤至这才反应过来，自己和孩子久别重逢了，这几年来的心酸一股子涌出，她在张间瑛的怀里痛哭起来。张间珣虽是个男孩子，但在这样的情景下也忍不住眼泪，他走上前，抱住了哭得不能自已的母女俩。

　　约翰逊夫妇也为此情此景感染，他们抽了抽鼻子，拿了纸巾给他们。于凤至擦了擦眼泪，笑着将孩子们和约翰逊夫妇迎进屋。

　　于凤至早已准备好了茶点，也不让仆人插手，一个人里里外外地忙活着。直到张间瑛催促着，她方才揩揩手，笑着入座。

　　席间，于凤至将这几年的辛酸苦辣一股脑倾泻而出，以往在陪张学良监禁之时，她要考虑到丈夫的心情和政治的局势，只能时时忍耐；这一年多的异乡求医，又是孤苦伶仃，只身一人，无可倾诉；如今，自己的子女都在身边，于凤至怎能不好好倾诉一下？

　　孩子们听了母亲这些年来的遭遇，心头都十分沉重，在母亲讲到凄苦处时，他们都会主动握住她的手，给予她温暖。

　　但于凤至注意到了小儿子的不对劲，一开始，她只是以为他因为车马劳顿，而感到不适，但过去这么久了，他对于自己的关心和问询，都是一副冷淡的样子，而且整个人看起来没有生气，像个木偶人似的。这怎么可能是自己活泼好动的小儿子呢？

　　张间瑛看出了母亲的疑问，事到如今，也不得不向她说出令人心碎的真相了。

　　原来，在"二战"伊始时，法西斯德国对英国伦敦进行了惨绝人寰的进攻。那时，监护人眼见欧洲局势不稳，孩子们待在此处也非长久之计，因此已经开始想方设法地想把他们送往美国避难了，但是战火断绝了一切逃离的可能，没有相关证件，他们寸步难行。孩子们只能在枪林弹雨中逃窜，努力保住自己的性命。

战争总是残酷的，炮火不会因为对方的性别年龄而转移自己的准星。那天夜里，刺耳的警报声骤然响起，张家三姐弟在睡梦中被惊醒，张闾瑛立马给弟弟们披上衣服，拥着他们向不远处的防空洞跑去。这一条短短的路好像由十万八千里之长，受到惊吓的人们从四面八方向这条通往防空洞的唯一街道跑来，两个弟弟紧紧地拽着姐姐的衣角，但年幼的张闾玗因为受惊过度，双手发颤，一下子就被汹涌的人流冲散了。

张闾瑛只顾着往前走，并没有意识到自己的小弟不见了，直到她和张闾珣到达防空洞时才发现只有他们二人。张闾瑛让张闾珣在防空洞内保护好自己，她却不顾危险，立马冲到炮火中寻找张闾玗，也是上天保佑，张闾瑛好像罩上了一个保护罩，一路上未受炮火侵袭，最后在一个废墟边找到了蹲在角落瑟瑟发抖的三弟弟。

张闾瑛喜极而泣，她一把抱住弟弟，将他拥着跑向防空洞。张闾玗一直在发抖，他的嘴唇早已吓得发白，张闾瑛能感受到弟弟的每个毛孔都被炮火震得张开了。

终于转移到了安全地带，但张闾玗还是哆嗦着惨白的嘴唇，说不出一句话。这次空袭过去后，监护人马上把这孩子送往医院进行救治，然而已经为时已晚，张闾玗因受到严重的惊吓而精神失常了。

张间瑛陷入了深深的自责当中,若是自己当时不粗心大意,保护好弟弟,那他就不会遭此横祸,她对不起他,更对不起远在重洋之外的父母。

于凤至还未听完,便已泪流满面,原以为自己痊愈后就能和孩子们团聚,但没想到刚见面就听闻此等噩耗,老天爷似乎觉得于凤至死里逃生得过于轻松,一定要给她的人生再增加点痛苦,方能使她命运的天平平衡。

张间玗微张着嘴,完全一副痴呆的模样,于凤至心痛不已,她抱住孩子,摸着他的头,心想从今往后不能再让他受任何苦了,她一定要让他恢复正常人的模样,她可以在危急时刻战胜病魔,那自己的孩子也一定可以。

张间瑛看着母亲心痛的样子,难过得不能自已,她恨自己没有负起长姐如母的责任,让弟弟受此大难。于凤至望向张间瑛,她的目光慈祥,一下子融化了张间瑛心中的悔意,她知道母亲并没有责难自己的意思。

于凤至握住张间瑛的双手,让她不要自责,一切都是爸爸妈妈的错,没有及时把他们安置到安全的地方,让他们在战争中担心受怕。张间瑛已经做得很好了,毕竟她当时也只是个十来岁的小姑娘啊。一想到此,于凤至的眼圈又红了。

这次久别重逢。几个人脸上的泪水都没有干过,他们要说得太多太多了。

将孩子们接到身边后,于凤至肩上的担子更重了。读书的读书,治病的治病,渐渐地,她有点入不敷出了,但于凤至要强的性格和自己尴尬的处境,使之拒绝了友人的资助,她要靠自己,让孩子们能在美国这方异乡之土也过上最优渥的生活。

看不见的商界搏杀

年近五十的于凤至怎么也不会想到,自己会像当初别人口中的"赌徒"那样,一头闯入腥风血雨的股市,以求得海外生存的一线生机。

她在晚年的采访中,谈起她第一次进入美国股票交易所时的情形:那里每个人都跟打了大剂量的兴奋剂似的,凶猛馋涎如饿狼,双眼猩红,两只眼珠子几乎都要贴到大屏幕上去了。交易所本来还算宽敞,但却被对财富有着热切渴望的汹涌人潮所占领;广播中标准女声播报着涨停亏损的,股民们为盈亏所发出的哀号与欢庆,在交易所的上空不断盘旋;汗酸味、咖啡味、油墨味,各种味道在此中混合。

于凤至一进到其中,胃内便开始翻江倒海,嘈杂的环境仿佛将她整个人都丢入了一个旋涡的中心,她在其中旋转,下沉,手中唯一能抓到的只是极速的水流。没过多久,她便悻悻地退了出来。

时代变了,现代人似乎更喜欢这种赌徒式的赚钱方式——快速、便利。但其中的风险也是不言而喻的,一个千万富翁一夜之间就可以成为证券所门口衣不蔽体的乞丐,而出生于传统商业世家的于凤至并不喜欢这种方式,她还是喜欢老一辈那样一步一个脚印,兢兢业业地创业守成。

但是严酷的环境使她不得不低下高贵的头颅,将过往的顾虑抛诸脑后,生活的压力告诉她,必须尽快赚到钱,这样才能不负丈夫重托,将孩子培养成人。于凤至已经尽量地削减自己的日常开支,以此来供孩子们上学、治病,但账户中的存款还是在日益减少,她已经不是当初的"东北第一夫人"了。在美国,她和一名普通妇女无异,她必须打起精神,为孩子们努力赚钱。

若是找一份普普通通的工作,其薪水必然无法承担得起如此巨大的生活开销,虽然丈夫此时已是身陷囹圄,但贸然地寻一份低微的工作也会给曾经的"少帅"脸上抹黑。于凤至心想着,当年尚待嫁闺中之时,便恨不得自己是个男儿身,这样就可以和父亲兄长一同出外经商。

她自称,凭借着自己的能力,必然能闯出一番天下;后嫁入张家,公公张作霖赏识自己,让自己做了矿务局的业主代表,入了股,也算了小小地圆了自己的梦想。

如今,虽是形势所迫,自己何不顺水推舟,干脆下海经商呢?但这必须要赚到人生的第一桶金才行,于凤至考虑再三,还是踏入了股票交易所。

初入股市,于凤至还是一阵阵地眩晕,陌生的英文名词,全新的交易规则,这些都是一只只强壮的拦路虎,给于凤至平添了许多困难。但她还是咬牙坚持,人过中年的她,重新学习,以适应新的生活,她没有一丝抱怨,因为她知道这是她的使命所在。

由于是新手上路,于凤至的股市生涯开展得并不顺利。其时,美国已是资本主义体制,自由的商贸竞争,使得股场风云变得更加诡谲难测,于凤至琢磨不透各个股票涨跌的规律,她只是凭着直觉和道听途说买进卖出。

没过多久,于凤至首次投入的资金不是被套牢就是亏损,再加上美国十年一次经济危机的影响,股场中更是哀鸿遍野,于凤至受到了此次金融风暴的波及,损兵折将。

生活的担子越来越重,于凤至忘了出院时彼尔医生再三嘱咐她的话:务必要保持良好的心态。她知道当初的癌症和自己多愁善感,心思过重的性格有关,每次遇到难以抉择之事,她都辗转反侧,忧虑难眠。

现在,这样的愁思又一次袭上了她的心头。于凤至开始整夜整夜地头疼,有一种力量,要生生地将她的脑壳撑裂;手术的伤口又开始隐隐作痛,她已经两个月没有去复查了,彼尔医生多次来电话催促,她始终以各种理由推脱。

股民证就像是一张长年的卖身契,一旦进入股场,她便要从早到晚,目不转睛地盯着交易信息整整一天,每一秒都可能决定一个人的命运。于凤至虽然是新手,但却深知股场的生存方式,为了赚钱,她严格的遵守着这残酷的规则,但像她一样听话的学生实在是太多了,老天并没有对其有所眷顾,反而一次又一次侵吞着她的钱财,甚至再一次摧毁了她的健康。

张闾瑛实在不忍心看母亲如此受苦,她死拖硬拽,终于将于凤至送进了医院。彼尔医生看着神销骨瘦的于凤至，无奈地摇摇头。他将她安排到一个单人病房，为她进行全面细致的检查，所幸没有出现最让人害怕的癌细胞复生的后果，只是普通的血糖低下，加上一点心脏病而已。

于凤至在住院期间还是担心着股票的涨跌，另外，孩子的生活、丈夫的自由，成为她每日悬挂心头的重担。

一个身患重病后绝处逢生的中年女人，就这样在美国这块用实力说话的土地上厮杀，她不是为了自己，而是为了心中惦念的家人。

病愈后的于凤至一直有个想法，她要为张学良存够足够的养老金，她不能让自己的丈夫获得自由后，身无分文。于凤至想的是，要让张学良来美国和自己定居，她恨透了蒋介石，这个将自己与丈夫、儿子狠狠拆散的人所统治的领土，她是今生今世都不愿踏足一步的。

皇天不负有心人，慢慢地，于凤至掌握了股市中的规律，在此中杀出了一条血路。

于氏有女，凤至辉煌

于凤至还是像以往一样，出入于证券交易所，只是此时此刻，她的心境早已发生了天翻地覆的变化。既然老天爷对自己毫不仁慈，自己又何必心存妇人之仁呢？

以往，于凤至还是会为交易所中的腥风血雨所震撼，她会向那些一夜之间千金散尽的人投以怜悯的目光，但如今她明白了，这些都是命运的定数。老天爷说，你要富，你便有了钱。老天爷说，你无儿，那么你的儿子都将先你而去。于凤至看明白了，命，是无法改变的，特别是这两年，她的两个儿子先后离去，这让于凤至痛彻心扉。

她如一个冷面女杀手一般，在股场中拼杀。她的眼光越来越狠辣，几乎一买一个准。外国人们都被这个中国女人震惊了，他们一改以往漠视的眼神，纷纷成为她的忠实信徒，跟着她买进，卖出。于凤至对此都置之不理，她知道这是自己的天赋和平时的努力所铸，当然还要感谢冷漠的老天爷的助力，没有它，自己不会变得如此沉着冷静。

于凤至从不像那些搏命之徒，将钱一股脑儿地投放在短板交易,而是将眼光放在长线交易中。她知道自己的性子适合什么样的经营方式。长线交易,稳固,牢靠,有充足的时间供自己思考。

她每天晚上都会伏案"做功课",她利用报纸、广播、电视等途径,了解各个上市公司的经营理念和发展前景,再结合国家的政治经济政策,全球的经济环境等,对每一只股票的未来走向作出预估。

尽管有些股票在当下看起来犹如一摊扶不上墙的烂泥,但在其衰微的形势中,却显现出一丝勃勃的生机。一般人是看不到这绝处逢生的光芒的,而于凤至则"慧眼识英雄",一眼抓住了要害,果断下手,静等着它厚积薄发。

同样地,在卖出股票这方面,于凤至也有自己的见解。她始终信奉着"当断不断,必受其害"的祖训。

有时一支股票呈上升勃发之势,股民们正为此欢呼雀跃,他们想着要在这"香饽饽"上好好赚上一笔,每天早上进入证券所,看到它仍在上升,便稍稍心安,他们带着侥幸心理,觉得这样的股票是不会在一夜之间暴跌的,就算有所起伏,上升也是它的最终趋势。但是股市永远不会像他们想象的那样简单,于凤至早已预估到这种股票的前景,她常常在人们意想不到的时候抛出手中的高价股,这常常让其他股民大跌眼镜,他们猜不透这个女人葫芦里卖的究竟是什么药。

于凤至的"信徒"们,虽然知道跟着她有钱赚,但是他们还是打心底怀疑这个东方女人,特别是看到她如此违背常理地买卖股票后,他们纷纷倒戈,觉得这也太不靠谱儿了。于凤至并不作理会，没过多久，时间就会告诉这些"墙头草"答案。

　　美国经济大势的逐渐好转，也为于凤至提供了契机。她已经成了华尔街远近驰名的"东方女股神"，然而她自己对于这些敬称始终嗤之以鼻，别人追求了一辈子的虚名，却被她轻松抛弃。

　　随着盈余逐渐丰厚，于凤至开始大力置办房产，依靠着出租房屋来获得相对稳定的收入。以往所买的房子，因为位置太过偏僻而不被人看好，如今，随着经济开发的热潮，这些房子的价格也水涨船高。于凤至靠着它们又大赚了一笔。

　　这时，于凤至的声名已经传遍了美国，人人纷纷为这个瘦弱的中国女人所震惊。其时，于凤至已经年逾五十，尽管因手术失去了双乳，使其整个人看起来薄如纸片，但岁月在其身上所雕刻下的印记，是任何事物都无可取代的，于凤至身上有一种令人无法忘怀的气质，善良、温婉、大气，但柔中带刚，在经历了如此多的厄运后，她的身上又有了一种近乎冷漠的果决，这让其身边的男士为她神魂颠倒、不能自拔。据张闾瑛日后回忆，有一个美国外交官就曾对母亲穷追不舍，将她奉为自己的女神。

　　于凤至没想到已届中年的她，居然会有这么多追求者，但她还是丝毫不放在心上，一一婉言相拒了。现在，她生活的动力，就是自己的女儿和远方张学良的来信。

　　她还记得，1948年，国民党战败，当时身在美国的义姐宋美龄告诉自己她将要从旧金山去台湾，可以为其带点东西给张学良。于凤至听后欣喜若狂，为张学良和赵四置办了许多生活用品，在路经钢笔柜台的时候，于凤至驻足了很久。

最后，她赶去旧金山与宋美龄相会时，除了转交给她一大包衣物，还有一袋子的派克笔。宋美龄疑惑不解，为什么要送笔呢？原来张学良用惯了派克牌的钢笔，于凤至怕他原有的一支写坏了没地方修，索性给他多备一点。再者，多余的也可作为联络人情之用，将它们送与看管的特务，也能换来好点的生活环境。一代虎将竟然沦落到以贿赂为生，于凤至讲到此处也只能沉痛无言。

但是这些钢笔似乎都被张学良拿来送人了。在她刚来美国之时，张学良总是频繁地给自己写信，有时候回得慢了或写得少了，他还要在信中责备她，于凤至那时时常感受到一种被需要的甜蜜，尽管丈夫有赵四小姐的陪伴，但自己仍然是他的精神支柱。可如今，张学良的来信越来越短，间隔也越来越长，常常快两个月才收到他的只言片语。

丈夫是在责备自己没有照顾好孩子们吧？于凤至常常这样想。但她不怪丈夫，这事她确有失职。念及此处，于凤至更加努力地赚钱，更加拼命地为张学良奔走，只为有朝一日，能让丈夫重见自由的曙光。

第八章
凤命·光芒盛放的时光

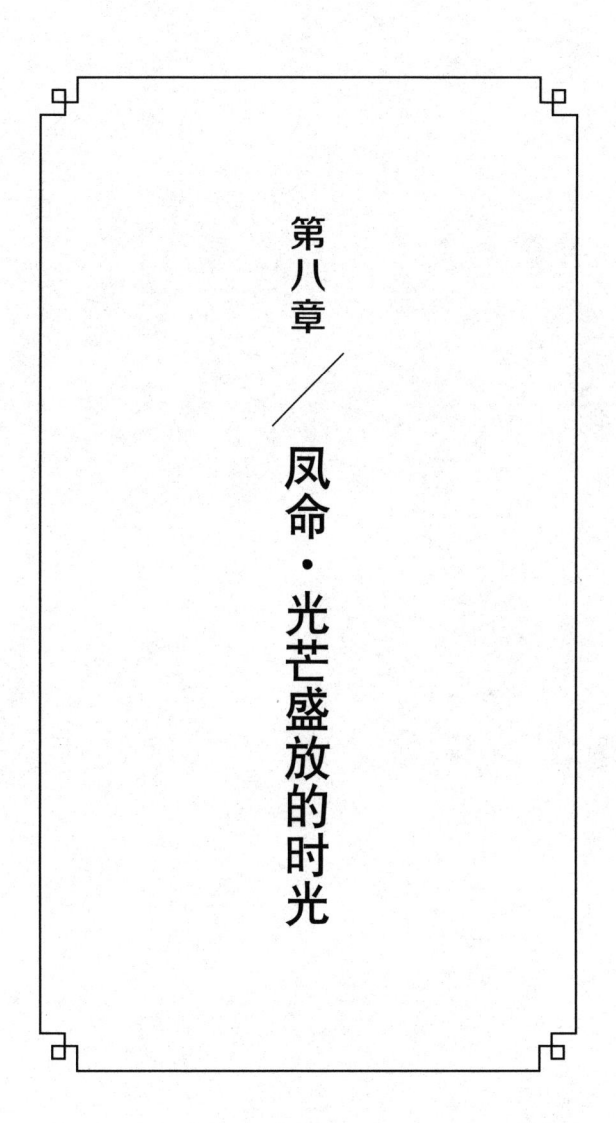

待看透，已是物是人非

转眼间，已到了1961年，那年于凤至64岁，逐渐步入了人生的最后一个阶段。她掐指一算，自1940年离开中国，如今已在美国生活了20多个年头了。

在这20多个春夏秋冬中，于凤至经历了4次手术，2次丧子之痛。如今她家财万贯，在这异乡的土地上到处都有她的房产，她早已是享誉美国的"东方女股神"，但这些对她来说又有什么用呢？

她再一次对自己的"凤命"进行了思考。

从小，她都是大人们眼中的知书达理的好孩子。虽是家中幺女，但却丝毫没有大小姐的脾气架子，为人和善，懂事有礼，见着什么人都是笑眯眯的，好像从来都不会生气似的。

再加上天资聪颖，聪明勤奋，写得一手好字，弹得一手好琴，更是成了远近闻名的"女秀才"。她犹记得13岁那年的元宵灯会，唯有自己猜出了难倒一干名士的谜题，当时的地方长官，还亲自给自己送来了匾额呢。乡里乡外的提亲之人更是踏破了于家的门槛。

但自己偏偏嫁给了那个将门虎子张学良，那时候他还小呢，一个15岁的毛头小伙子，刚入门时，自己一直把他当弟弟看，但是久而久之，这个小丈夫的身上所显露出的男子汉的担当与胸怀，终于使自己转变了角色，她逐渐地开始依赖他、信任他，把他当作自己后半生所信奉的神明。

公公张作霖老夸她是张家的福星。自从她嫁过来以后，张作霖的地位节节攀升，整个东北都姓了张，就连小日本看见他也要忌惮三分。而自己的儿子张学良，在这贤妻的帮助下，也成长颇多，看到自己百年之后，后继有人，张作霖自然更加欢喜这天生"凤命"的儿媳妇了。

但之后的事情如何解释呢？大概是上半辈子过得太顺风顺水，把所有的好运都提前透支了吧。先是张作霖被日本人偷袭，轰炸身亡，霸业未竟身先亡，一代枭雄就这样没入黄土；丈夫顺着统一的潮流，宣布东北易帜，本想着奔赴战场，卫国御敌，没想到却被迫他调转枪炮，继续打内战，看着手下之人不明不白地死亡，丈夫不惜以身犯险，囚禁蒋介石，逼得其与共产党统一抗日，这才领得千百万中国人走出了水深火热的困境。但是，他自己也为此付出了惨痛的代价，至今已有25年了啊，丈夫还在牢笼中受着监禁之苦。

于凤至深深地感叹着，自己身负嘱托来到美国，与癌症奋力抗争，她折断了死神的镰刀，但作为代价，她也失去了女人身上最重要的双乳，但她没有因此消沉。于凤至按着丈夫的嘱托将儿女们都接到身边，本想着凭借着自己的本事，将孩子们抚养成人，让他们在美国得以安家立业，等待着张学良归来，共享子孙绕膝、阖家团聚的天伦之乐。

丈夫大概恨死自己了吧，千方百计地出了国，挣扎了那么多年，到头来只剩下一副破败的身体。于凤至摸着自己空洞的前胸，她以为自己早已接受了这个残酷的现实，但在内心深处，她还是对此耿耿于怀。如何用一个不完整的身体，来迎接自己的丈夫呢？

于凤至常常逃避着这个问题，她有时甚至想让张学良永远在牢狱之中，就算他最终是和赵四小姐白头终老也没有关系，这样一来，他就永远不会看到自己残破的身子，看到自己苍老的容颜。但这念头立马被她否决了，来美国的最终目的，就是营救张学良啊，自己怎能为这一己私念，就将它抛诸脑后呢？

为了营救丈夫，于凤至拼杀于股场之中，时至今日，她已经积累了丰厚的财产。看到账户上冷冰冰的几个数字，她总是会哑口而笑。

这大概就是凤命所归吧，含着金汤匙而生，晚年大概也会枕着金棺材而死。本以为老天爷总是高高在上，不为人间世俗所染的，没想到它也如此市侩。亲情、爱情，所有于凤至认为美好的事都不在它所认为的"好命"之内，只有闪闪发光的钱才是。

天下熙熙皆为利来，天下攘攘皆为利往，还是古人看得透彻啊。

于凤至无可奈何地苦笑着，她随手拿起一张报纸，上面皆是美国的经济大局，哪家公司的股票又跌了，哪个新兴行业又赚发了,哪个工会的工人又因为工资的事上街游行了。于凤至摇摇头,感觉每天都是在熬日子,在重病时都未曾起过的念头,现在却充斥着她的脑海。

还不如去死呢。

大概只有在和死神抗争的那一刻方能显出活着的意义吧。如今呢,名利双收,身边的至亲却一一离自己而去。

于凤至心不在焉地翻着报纸,突然,在海外新闻板块,一个熟悉的名字跃入了她的眼帘。

那天的《华盛顿邮报》上清清楚楚地写着"张学良有望解除幽禁"。

于凤至反反复复地念叨着这句话,它好像有什么魔力似的紧紧地粘附在她的唇齿之上。那么多年了,她终于盼来了这一天。她在梦中无数次地想象过二人相见的情景,或激动得无语泪流,或兴奋地相视而笑,如今这一天真的要到来了,她反而有点无所适从。

她憋了一肚子的话要对丈夫诉说,她想把在美国的辛酸苦辣全部告诉丈夫,但是,转念一想,丈夫在这近30年的囚禁生活中,已经承受得够多了,自己为什么还要这么自私,将自己的苦难叠加在他的身上呢?重获自由的他,应该是轻松自在的,他不能再背负那么多的仇恨、那么多的艰辛。整整25年呐,曾经英姿勃发的青年,如今也该成了垂垂老矣的暮年之人。

那赵四呢?没关系,她可以将他们一同接过来居住。当初她已经坦然地面对了"三人行"的生活,现在这个年纪,当初的激情、爱情，大概都化作了涓涓的亲情，流淌在他们之间。于凤至已经过惯了独居生活，若是再和他人朝夕相处，怕是还有点不习惯呢。

于凤至面露微笑，细细地打算着未来的生活。这时门铃响了，一开门，只见张闾瑛满脸笑容，一手挥着一张报纸，兴冲冲地进了门。于凤至知道，这孩子大概也得知了父亲即将获释的消息，急着来给自己报喜呢。

张闾瑛拥着瘦弱的母亲到沙发上坐下，向她扬了扬手中的报纸，于凤至会意似的微笑点头，也从身后抽出来一张报纸，母女俩一下子笑得合不拢嘴。张闾瑛已经不知道有多久没有看到母亲这样开怀大笑了。平时她还没注意，原来母亲眼角的鱼尾纹已经这么深了，原本红润丰隆的颧骨，也变得松弛干瘪，她的唇纹更深了，没了以前的光泽。但现在的她是多么的美。她看到母亲身上被一层浓浓的爱意所包围，她知道这是父亲的力量，母亲之所以能忍受这么多年的苦难，都是靠着等待父亲的信念所支撑。

一想到这里，张闾瑛的眼圈便红了。但还有一项更要紧的事要宣布，她连忙抽抽鼻子，伸手抹了一把脸，从包里抽出来另一张纸，在母亲面前晃着。

于凤至向调皮的张闾瑛笑笑，一把拿过了那张纸，拿出老花镜，细细地看着。

原来蒋介石从台湾亲自发来手谕，邀请她的女儿女婿陶鹏飞夫妇赴台参加学术研讨会。这份邀请书的底下还有着蒋介石的亲笔签名。于凤至一想到当年也是他，亲自在丈夫的判决书上签下了改变他一生的名字，她内心的怒火就开始翻腾；又想到，当年送小儿子去台湾见父亲最后一面，也是这个冷血之人，将他们生生分离，让自己的儿子孤独地惨死他乡，于凤至内心的愤怒更甚了。

张闾瑛看母亲不笑反怒，原本展开的眉头突然间紧促起来，她紧张地握住母亲的双手，关切地问她到底怎么了。

于凤至梳理了一下心情，时代毕竟不同了。既然台湾当局已经放出话来，有可能解除张学良的幽禁，那蒋介石的这封邀请函说不定就是根"橄榄枝"。

张闾瑛见母亲情绪有所和缓，也逐渐地放下了心。在收到邀请函之时，她确实也有考虑到，这是不是蒋介石的诱敌之计呢？将张学良在美国的亲人一网打尽，断了他所有的后路，这样一来，他即使自由后，也是"废人"一个，对他造成不了什么大影响。但如今情势已变，全世界都盯着老蒋，他囚禁父亲这么多年，已经受到了国际舆论的广泛谴责，若是把他的子女也无缘无故地关起来，则是逆时代潮流而行，冒天下之大不韪。

于凤至和张闾瑛的想法一样。因此，她也同意让这小夫妻俩先去台湾探探风，张学良是否有获释的希望。虽然于凤至口中不说，但张闾瑛早在她殷切的眼神中看到了母亲强烈的希望。

临行前，于凤至让女儿女婿陪着她去华人街买点东西带去台湾给张学良做礼物。左挑万选，竟挑不出一件合适的物事。几人乘兴而去，败兴而归。

女婿陶鹏飞虽然口中没有言语，但他因为与张学良的关系始终隔了一层，反而想得更加周到，这母女俩都把这次学术之旅理所当然地看作了探亲之旅，殊不知，蒋介石可能也是来探探于凤至这边的口风，若是她们有意将张学良接出海外，那这人他肯定是不会放的。或许，这次台湾之行，他们恐怕连张学良的面都见不上。

但看着激动万分的母女俩，陶鹏飞还是没有把自己的想法说出口，他不想打击她们的信心。走一步看一步吧，船到桥头自然直，到了台湾，自然有办法的。

临走的时候到了，于凤至还是没有准备礼物，但她给自己的丈夫带去了一封长长的信。其中写了什么我们不得而知，但其中必然饱含着于凤至的深情厚谊。

在飞机上，陶鹏飞还是忍不住将自己的顾虑告诉了妻子，张闾瑛认可地点点头，两人带着一腔心事来到了台湾。

果然，蒋介石一直以各种理由阻拦着他们与张学良的会面。虽然他自己并不出面反对，但也为这次会面设了重重关卡。最后忍无可忍的张闾瑛一怒之下联系了报社，大肆发动舆论攻势，蒋介石佯装不知，还要反咬相关部门一口，斥其不早通报，随后才松口同意父女俩会面。

自从欧洲一别，张闾瑛已经有将近30年没有见过爸爸了。在她的印象中，父亲永远是一个腰板笔挺的军人，他时常穿着军装，留着两撇跟爷爷一样的八字胡，背着手在家里走来走去。但是在她这个女儿面前，他总是像个大小孩。张闾瑛是张家长女，虽然看见第一胎是个女孩，张学良心里还是有点不乐，但随着儿子们的接连诞生，他反而变得更喜欢这个女儿了。

张闾瑛还记得小时候爸爸常让自己趴在他的肩上,背着她转逗她开心,玩一个晚上都不喊累。相比于严肃的妈妈,张闾瑛其实更喜欢能跟自己闹在一起的爸爸。

但如今,马上就要见到这个最亲的人了,张闾瑛反而有点不知所措。她看见走廊的尽头出现了一个略微佝偻的身影,她紧张地攀住了丈夫的胳膊,那个身影越来越近,越来越长……

当张学良走到她面前时,父女两个人,颤抖地拉起对方的双手,未语泪先流。张学良已是垂垂老矣了,他好像掉了几颗牙齿,整张嘴有点干瘪。原本笔直的腰背,现在也变得有点佝偻,鬓边的华发,更是说明他已不再年轻。

在张学良40多岁时,因为被关押在深山,他得了严重眼疾却没能得到及时的救治,从此他的眼睛就落下了毛病,张学良拉着张闾瑛的手,眯着为一片为阴翳所蒙的病眼,细细地看着这个多年没见的女儿。他从来不敢想象,有生之年还能见到自己的孩子。张闾瑛早已泣不成声,她的双手颤抖着,却仍紧紧地攥着父亲干瘪的双手。

陶鹏飞也被此景此情所感染,不自觉地流下泪来。

张闾瑛和父亲聊了很多,他们将这几年的生活情况彼此交流了一个下午。整个过程中,两人的眼泪都没有干过,但当谈到他们的共同情感牵绊——于凤至时,大家都沉默了。

张闾瑛是因为母亲这几年受过的苦实在太多,无从说起;而张学良则别有一番尴尬在心头。

原来张学良已经皈依了基督教,这本是他精神的大解脱,但基督教教义中有一条是教徒不可重婚。

此时的赵四已经从一个少女变成了中年妇女，她将自己最好的年华奉献给了张学良，人非草木，岂能无情？况且，张学良又一直是一个重情重义之人，在此抉择之时，他怎能弃枕边人于不顾？但另一边却是为了自己竭尽心力的结发妻子，这要让他何从选择呢？

尽管如今还未到非要作出选择的时候，张学良尚抱有一丝希望——蒋介石到时会不设阻碍地将自己释放，并且不对自己的婚姻问题进行干涉。

但张学良还是有心理负担的，一听到女儿提起发妻的名字，他的眼光就开始闪躲。心细如发的张闾瑛捕捉到了这个细节，她试探着问父亲，究竟发生了什么。

张学良被问得逃不过，只好如实说来。张闾瑛沉默着没有说话，她只是静静地看着父亲，脸上两道残存的泪痕干干的、咸咸的，使得她双颊有点生疼。张闾瑛知道父亲现在的难处，只是，这对母亲公平吗？听闻了这个消息后的张闾瑛内心纠结万分，她甚至后悔和丈夫一起来到台湾，她不知道回到美国后该如何面对母亲，如果真的要用离婚来换取父亲的自由，母亲会同意吗？

张闾瑛不敢细想，她匆匆告别了父亲，和丈夫一起登上了归途的飞机。

张学良由于被拘禁不能亲自送女儿去机场。他挂着拐杖靠在门边，朝着北方的天空，静静地站立了很久，很久。

时光不晚，岁月歌声

在张间瑛去台湾的那段日子里，于凤至的心始终没有平静下来过。

虽然在表面上她还是一如既往地炒股，看书，闲暇时外出散步，但她的思绪始终被千里之外的那个人牵动着。她既害怕这个消息只是一时兴起的传言，蒋介石根本没有打算释放张学良；她又担心张学良获释后的选择，他究竟会回到自己身边，还是继续和赵四一同生活？原本，于凤至以为她们三个人是可以在同一屋檐下共同生活的，但是现在已经是新时代了，就算是昔日叱咤风云的人物，被人知道有一妻一妾，也会让人笑掉大牙的。

于凤至整日里被矛盾的心绪所左右，她有点心不在焉。以前只是一门心思地盼着丈夫可以重获自由，当这日子将要来临时，她反而显得局促不堪。于凤至每天摆弄着家居，心里想着不知道丈夫会不会喜欢这样的摆设；有时候，她也会站在镜子前，打量着自己的身体。她突然发现，割掉双乳后，她反而有了一种少女的感觉。未曾结婚，也未曾生育，一切都还是在于家时的模样。但颈间的细纹不得不将她拉回现实，于凤至又开始为自己残缺的身体悲叹，当初为何不咬咬牙坚持自己的决定？说不定就挺过来了呢！她看着空荡荡的前胸，一阵长吁短叹，不知道丈夫会怎样看待自己这样一个残缺之人啊。

张间瑛回到美国后一直不敢去母亲家里，她踌躇着，不知道该不该把这一残酷的消息告诉母亲。她已经承受得太多了，为什么要在她快熬到头之时，再给她这样致命一击呢？而且母亲患有心脏病，她很怕她会经受不住如此噩耗，猝然而去。她已经和死神拼命搏斗了两次了，每一次都是因为有着父亲的支撑才得以险胜，而如今，父亲这杆大旗已然被折断，母亲毫无依凭，若是再一次倒下，可就真的是倒下了。

陶鹏飞看着妻子这几天每日忧心忡忡的样子，便建议她还是尽快地事实告知母亲。他知道于凤至这些年的遭遇，但不管怎样，还是要面对现实，该来的总是要来，不能因为害怕后果而一味逃避。

张间瑛深以为然，但她还是过不了感情上这一关，她不忍看见母亲再一次受苦了，况且，这个消息对于于凤至来说，不啻信仰的崩塌，没了父亲，她整个人也就垮了啊。

在陶鹏飞的反复劝说下，张间瑛还是去了母亲的家。

听到女儿来了，于凤至终日不安的心终于回到了原位，她为孩子准备了一大桌菜，要为他俩好好地接风洗尘。张间瑛在席间强颜欢笑，装作若无其事的样子，向母亲讲述着父亲在台湾的境况。

于凤至一脸认真地听着，丝毫没有感觉到女儿今天的反常。

快三十年了啊，不知道汉卿变成什么样了？女儿说他看起来老了好多，拄了拐杖，掉了牙，还驼了背，也是个老人了啊。于凤至在脑海中想象着张学良现在的模样，她翻着眼睛，抬着头，怎么也想不出女儿口中那个糟老头的模样。于凤至掩着嘴笑了笑，不管自己老成什么样，张学良在她心中却永远都是一副英姿勃发的样子。

趁着于凤至陷入沉思的时刻，陶鹏飞用手肘碰了张闾瑛一下，暗示她适时地将真相告诉于凤至。张闾瑛实在不忍心在母亲最开心的时刻，给她当头浇一盆冷水，这实在也太残酷了。

这时的于凤至仿佛回到了刚得知自己被许婚的那个年岁，她还梳着麻花辫，一遍又一遍地想象自己未来丈夫的模样，池塘边、书桌前，家中的每一个角落，都印证过一个少女的无邪春心。

张闾瑛终于鼓起勇气开口了，于凤至看着女儿一脸严肃的样子，回忆起他俩刚进门到现在的种种反常，她知道此次台湾之行他们肯定还得知了一些坏消息，因为顾及自己的情绪迟迟不说。是不是汉卿获释无望？大概就是这样吧，于凤至低垂了眉眼，脑海中所有旖旎的景象，瞬间化成了泡影，在空气中飘散。

但真相远比想象更残酷，当于凤至从女儿口中听到"离婚"这两个字时仿佛五雷轰顶，心脏在空洞的胸腔内快速地跳动，她仿佛听见血管张裂的声音，她的呼吸开始变得急促，那两个字像一个突然从街边窜出的匪徒一般扼住了她的咽喉，张闾瑛见状连忙给母亲吃了药，这才稳定了她的情绪。

于凤至抚着渐渐安适的胸口，让女儿把详情一一道来。她仔仔细细地听着,并不置一言。听罢,她反而安慰起女儿,这只是一种可能,而且离婚这种事要双方都同意才能进行。

张闾瑛见母亲情绪稍定,也放下了心,她顺着母亲的话安慰着她,一直到于凤至的困意上来,他俩才起身离去。

于凤至怎么可能睡得着呢?她很想去信质问张学良,这事究竟是否属实。但她念及张学良提及此事时的两难之情,便也按捺下了心中的愤恨与委屈,如往常一般,为他的未来奔走。她坚信,张学良是不会抛弃自己的。尽管这种相信,她自己都觉得没什么底气。

一转眼,于凤至已经背着"离婚"这个定时炸弹生活了三年。一天,于凤至的一个友人拿着一本书,行色匆匆地赶来她的府中。

于凤至接过书来一看,封皮上大书着"西安事变忏悔录",底下"张学良"三个字赫然在目。于凤至看后只觉气急攻心,她没有想到蒋介石一伙居然能无耻到这种地步。当年,国民党被共产党打败,蒋介石带着昔日将领退守台湾时,于凤至就料到他将来会把自己的失败归咎于自己的丈夫,但是没想到会用这种卑鄙的手段。

她向友人解释,这本书根本不是张学良所写。此书语言多咬文嚼字,尽是酸腐之言,这根本不是张学良的文风。这定是蒋介石门下的御用文人溜须拍马,胡编乱造,为了迎合上头的旨意,诬陷张学良而匆匆赶制的。

于凤至平日里也颇关心政治形势,她知道蒋介石退居台湾后,仍然实行高压政策,他的独裁统治激起了民众的不满,反对的声音甚嚣尘上，为了保住自己的地位，他不得不推出一个代罪羔羊，来稳固自己的地位，囚禁中的毫无话语权的张学良自然成了最佳人选。

那个友人似信非信地拿着书走了。之后，又有人陆陆续续地或登门造访，或远洋通话，来询问于凤至这件事的真相。每一次，她都耐心地为他们解释，张学良是无罪的，当初的"西安事变"是爱国爱民之举，并不是蒋帮口中的祸国殃民之行。

没过多久，发表了这些文字的杂志即被查封了。于凤至意识到了事情的严重性，自己若是再不加紧行动，那么蒋介石一伙则将为所欲为，对没有丝毫还手之力的张学良进行人身污蔑，将所有的脏水都泼到他一人身上。

尽管市面上已经找不到这本《西安事变忏悔录》的踪迹，但其影响力之大，让于凤至本人都感到后怕，甚至连女儿张闾瑛都听闻了此事，跑来家里询问母亲当年的真相。

于凤至对此感到心寒，蒋介石的舆论攻势使自己的女儿都对父亲动摇了信心，更别说其他无知的群众了，事情已经过了近三十年，新一代的年轻人正在成长，他们并没有经历那个年代，若是一味听信当下的错误舆论，那汉卿必然被歪曲为千古罪人、民族败类。

面对着女儿的质询，于凤至只能心平气和地向她解释，因为张闾瑛当时还小，而且身居海外，对国内的形势不太了解，在蒋帮的舆论攻势下，对父亲心生怀疑也是可以理解。在得到母亲的解释后，张闾瑛这才放下了心，一直以来，张学良在她心中的地位是神圣不可侵犯的,如今听到外界对父亲的污蔑与攻击,张闾瑛自然也是心生愤怒,但是三人成虎,她也不由自主地对父亲产生了怀疑,他究竟是不是一个叛徒。

解开了心中的芥蒂后,张闾瑛大大松了一口气,她相信自己的母亲不会看错人,也相信她不会骗自己。那么当下的问题是,如何对蒋介石的行为进行反击呢?

于凤至早已有了打算,既然蒋帮利用舆论诋毁张学良,让他即使在获释后也难以为世人接受,那么自己也依靠媒体,为张学良扳回一局,况且美国的传媒技术如此发达,电视、广播、报纸,三管齐下,这威力可比一本小小的《西安事变忏悔录》大多了。况且,张学良本就是无罪之人,他蒙受不白之冤受囚禁之苦已达三十个春秋,如今还要在获释之前受此大辱,自己怎能不竭尽心力,为丈夫讨回公道呢?

这时,三年前的"离婚"之事已经为于凤至抛到脑后,她一心要为丈夫的清白正名。

在美国的这段时间内,于凤至不单靠智慧积累了万贯家财,她还靠自己的人格魅力结成了一个巨大的人脉网,其中尽是美国上流社会的精英。

于凤至提上礼品,亲自登门造访,她向他们说明了自己的来意,希望他们能在美国为张学良的自由发声。

这些人中有大学教授、著名学者、传媒界巨擘、商界精英等等。对于张学良的事情,他们本就有所耳闻,而且于凤至的为人也一向为他们所敬重。这些人深知于凤至是一个极其低调内敛之人,即使在美国的股场中叱咤风云,她也不显山露水,而是一贯深居简出,独来独往。如今,她为了此事居然会屈尊造访,可见在这个尊贵的夫人的心中,丈夫占有多么重要的地位。

想到此处,于凤至的朋友们对她的敬佩之意就更深了,他们纷纷愿意尽力相助,帮她的丈夫早日重获自由。

不久后,《洛杉矶太阳报》《纽约时报》等美国具有影响力的媒体都对此事进行了详细的报道。

在获得友人们的信任后,于凤至又动身去找了美国的政界人士、议员、律师、侨领,她不惧烈日,奔走在每个人的府邸之间,有时她会受到冷漠的对待,毕竟一个中国囚犯的事对于日理万机的议员来说根本就是微不足道,他们不会为了张学良放下手中的工作,况且这还有可能触及他们切身的利益。但于凤至并不灰心,能说动一个是一个,她要在美国发动一场铺天盖地的传媒攻势,与蒋介石斗争到底。

终于有一个议员为其所说服,他深感于凤至对丈夫的深情厚意,而且也熟悉中国的这段历史,他知道,张学良正如于凤至所说的那样是正义的一方。因此,他已将"帮助张学良重获自由"写成议案,准备上报国务院。

不仅如此,于凤至还打印了厚厚一叠宣传单页,她走上街头,将这些印有西安事变真相的纸头分发到每个人到手里。

在于凤至全方位的宣传攻势下,美国要求释放张学良的舆论日益高涨,台湾当局也受到了强烈的触动。蒋介石不方便出国,便派宋美龄赴美对于凤至进行劝说。

于凤至深知宋美龄此行的目的，不外乎让她收手，她知道自己的行为已然激怒了蒋介石，但唯有这样，自己的丈夫才有获释的希望。

宋美龄与蒋介石不一样，尽管当初张学良扣押蒋介石一事，让她愤怒之极，但之后丈夫的平安归来，也让她放下了过往的芥蒂。

她很理解于凤至的心情，但是男人的事，女人是很难插手的，况且她又处于这样一个位置。因此，宋美龄只能好言相劝，因为她知道再这样闹下去，丈夫会作出什么决定，是每个人都难以预料的，而且她也知道蒋介石打算利用基督教教规迫使于凤至与张学良离婚，断绝他在美国的后路这一念想，若这个惨剧真的发生，不但是害了张学良，也是苦了于凤至自己啊。

于凤至理解宋美龄现下的处境，但她心意已决，而且如今舆论尘嚣日上，自己已是骑虎难下。没有回头之路，便只能硬着头皮往前走了。

宋美龄见于凤至不为所动，只能无可奈何地告辞，临走之前，她给了于凤至一个拥抱。

送走宋美龄后，于凤至怅惘了很久，以前亲如姐妹之人，如今也变得如此隔阂，她不得不感叹世事变迁、难以捉摸啊。

太平洋彼岸的台湾岛上，张学良正因为发妻在美国发动的传媒大战而激动万分，他似乎看到自由的小鸟正在海上向他张开翅膀，但张学良心中还是十分担心，于凤至这样行为或许会适得其反，反而激起蒋介石的报复之心。

张学良的猜想被印证了，蒋介石不但剥夺了他与于凤至通信的权利，甚至加强了对他的监视，张学良的行动受到了更为严格的限制。面对这种情形，赵四小姐每天都愤愤地抱怨着，她觉得原本已然显现出的自由的曙光，又给于凤至的乱折腾给掐灭了。张学良虽然心下也忧虑甚多，但每当听见赵四抱怨于凤至，他总会义正词严地指责她。

他知道，于凤至的所作所为都是为了他，她是在信守当初的承诺，张学良不知道妻子是怎样独自渡过一个个难关的，但事到如今，她始终初心不改，一心为自己奔走，这份情谊，他张学良如何消受得起？而且身在美国，发动传媒攻势已经是于凤至唯一能做的事了。张学良心中充满了感激，对于这个发妻，他始终是有所愧疚的。

就这样忐忑不安地过了许久，从三年前就一直笼罩在张学良和于凤至头上的阴霾，终于化作了一场暴雨，倾盆而下。

自此与君陌路，此心不渝

自从于凤至定居美国后，最近是家中最为热闹的一段日子，每天都有各个报社的记者络绎不绝地登门造访，于凤至自然热心地招待了他们。她一遍又一遍地叙述当年的情状，述说着丈夫的拳拳爱国之心，申诉着他这些年所蒙受的不白之冤。

于凤至诚恳的态度与真挚的话语打动了一个又一个的来访者，他们听后都竭力为这个执着的中国女人奔走。

一日，家中的门铃突然响起。于凤至正喝着下午茶，往常这个时候不会有人造访的，毕竟午休时候登门是一件很没有礼貌的事。虽然心下有些不快，但于凤至还是放下手边的茶点，起身去开了门。

令人诧异的是，出现在门口的居然是一个多年未见的张家远亲。当年分别时，他还是个毛头小伙，现在也已届中年，比自己的女儿还要大上好几岁了。于凤至听说此人已经在台湾国民党政府给蒋介石当差，她心中的疑问更甚了。

于凤至按捺下种种不解，将这面带笑容的不速之客迎入家中。此人也不说明来意，入座后只是一个劲地跟于凤至寒暄，他详细地问了她近年来的生活，大有感时伤怀之意，于凤至实在忍受不了他的惺惺作态，直截了当地问他此行的真正目的。

这人反而跟于凤至打起来了太极，他好像故意要让于凤至着急，只是一味地讲着无关紧要的话，并不切入正题，直到于凤至面有愠色，打算直接起身送客，他才笑着从公文包里掏出一份文书来，推到于凤至的面前。

于凤至还是紧皱着眉头，她警惕地看了看眼前这人，方才带上老花镜，拿起文书仔细地审视起来。

看着对面一向以冷静识大体的面目示人的于凤至露出了紧张不安的神情，这个男子嘴角浮现了一丝狞笑，他从西装胸前的口袋中拿出了一支高级钢笔，"啪"的一声拍在了桌上，示意她赶紧签字。精致瓷杯中的红茶因为桌面的震动而泛起层层涟漪，其中倒映着的于凤至的面容也因此变得更加扭曲。

阅毕文书，于凤至深吸了一口气，稳住了自己的情绪。她还是以从容不迫但却让人无可辩驳的口气，向这人质问着文书的真假。

男子轻蔑地笑笑，这不过是于凤至垂死的挣扎而已，她会分不清这份离婚协议书的真假？看来非要自己补上一刀，她才肯善罢甘休吗？

于凤至岂能不知这份协议书的真假，她只是不相信张学良居然会在上面签字罢了。既然已经言明了来意，男子也不必再故弄玄虚，他直截了当地说自己是台湾国民党的公职人员，但并非受政府之意，而是为了张学良将军个人的安危前来的。

于凤至突然明白了什么，自己在美国发动的传媒攻势，不但没能救张学良于水火之中，反而成了葬送他俩婚姻的导火线。

看到于凤至如斗败的公鸡那般突然萎靡下来，男子好像打了兴奋剂一样，突然提高了音量，也不顾什么身份与辈分，对着于凤至就开始指责她不知好歹。

于凤至听后气得双腿发软，且不说这男子颠倒是非、不分黑白不说，居然还对着她这样一个长辈大呼小叫，简直岂有此理。于凤至的心脏突然加速跃动起来，她赶忙让家中的仆人为自己拿来心脏病的药，吞服一粒后闭目呼吸了很久才缓过气来，男子见状有点害怕，收起了刚才的盛气凌人，坐在圆凳上，喘着气不说话。

回过神来的于凤至并没有对男子的这些无稽之谈进行反驳，她不屑于对这种无耻之人辩驳一句，于凤至只是淡淡地问了句是否是张学良亲自派他前来的而已。

男子一直以为于凤至会对自己破口大骂，万万没想到，她只是轻描淡写地问了这么一句而已。他只是顾左右而言他，并没有正面回答于凤至的问题。

男子强词夺理地说张学良在经过这么多年政府的改造与教育，已经服法认罪，当年的《西安事变忏悔录》就是明证，他对1936年的那次自私自利之举以及此行对国民党造成的不可扭转的恶劣影响已经供认不讳。张学良十分感激蒋介石放了他一条生路，并愿意和赵四小姐一起在台湾终老，终生不踏出台湾岛一步。

于凤至从鼻头轻蔑地冷哼了一声，男子并不在意，他仍然自顾自地说着，他甚至拿赵四和于凤至作对比，他觉得赵四才称得上真正的识大体，她向着国民党政府，尽日规劝着张学良打消赴美之心，而且她也对政府十分感激，因为正是有了他们的许可，她才得以陪伴在张学良左右，消除他囚禁生涯的孤苦；而于凤至则不然，她为了一己私心，要将张学良捆在自己身边，而不顾他的安危，在海外兴风作浪，这才作茧自缚，到头来只落得个离婚的结局。

男子停顿了下，他对着于凤至不可置信的脸，说出了他此次之行的最后一番话。张学良离开台湾之时，也是他故世之日。或许他好命，能比蒋介石更长寿，这就要看上天的旨意了。言毕，他拿走于凤至手中的离婚协议书，将桌上的笔重新插入胸前的口袋，留下一张名片径直走了。

于凤至始终想不明白，自己的行为究竟错在了哪里？她一心一意地帮助张学良重获自由，为什么会换来"离婚"的结局？

她至今还记得，1940年临行前丈夫与自己的那次彻夜长谈。张学良的半边脸隐在阴影中，而另一半为月光所笼罩的脸上分明是不甘与困苦。之后的每一封信中，他一遍又一遍地申诉着自己对自由对渴望，表达着对自己的依恋，于凤至不相信张学良已经像那个张姓亲戚口中所说的那样，换上一副谄媚的嘴脸，与蒋介石政府妥协。这不是她认识的汉卿，于凤至是不会为这样一个软骨头的窝囊男人付出一生的。

但当男子临去时的那番话再次回响在心头时，她害怕了。不管他之前所说是真是假，若是自己在离婚协议书上签了字，那么张学良尚有活命的可能；若是自己固执己见，那么张学良必然性命不保。留得青山在，不怕没柴烧，若是连命都没了，何来自由可谈？

但于凤至怎么下得了这签字的手啊。在她所受的教育中，女人是要犯了"七出"之条，才会被夫家一纸休书逐出家门的，于凤至自问没有一点对不起张家，为什么要让她受此屈辱？她还记得还住在大泉眼村的小时候，村里一个女人因为偷了汉子，被夫家发现逐出了家门，没过多久，村民们就在村西头的河塘里发现了那女人的尸体，她不堪屈辱自杀了。

而自己呢？一个没有任何过错的人却要为蒋介石险恶的用心付出致命的代价。离婚，这种事情怎么会发生在她身上呢。

深夜床上的于凤至辗转反侧，她既为张学良的安危担忧，又为自己的名誉悲叹。她感叹在无常的命运下，每个人都是老天爷的一颗棋子，她是，张学良是，甚至连那个摆布他俩婚姻的蒋介石也是。

第二天，于凤至便给张学良去了电话，询问此事的真相。听筒那头的张学良并没有回答，他只是说了那句让于凤至一直带到棺材里去的那句话："我们永远是我们，这事由你决定，我还是每天唱《四郎探母》。"

于凤至听罢泪如泉涌，她拼命地点着头，仿佛丈夫能看见似的。而那头的张学良在说完这句话后也无声哽咽，两个人沉默了许久，还是于凤至打破了沉默，她让丈夫放心，只要她于凤至在一天，她就会为他的自由拼尽全力，说罢，便快速地挂了电话，她怕自己的情绪会崩溃，要知道，在丈夫面前，她可从来没有失态过啊。

而大洋那头的张学良早已泣不成声，他欠这个女人的实在太多了，就算加上下一辈子，他大概也无能偿还她一丝一毫。

过了没几天，那个男子又如期造访，于凤至因为昨晚思虑甚深，下午正在卧室补觉。听到男子来访的消息，她不禁打了个寒战。她知道，这份离婚协议书是非签不可的，但是她不甘心呐。于凤至直起身，缓慢地穿着衣服，她极力拖延着这一时刻的到来。

于凤至努力地思索着解决的办法，她甚至想拿出一叠支票，甩在这个男子面前，让他赶紧滚回台湾。但这种不现实的想法还是被她立马否决了。她听到外面的男子因为等得时间过久，已经起身在客房来回踱步了。嗒嗒的皮鞋声一下一下地撞击着她本就脆弱的心脏。延宕的时间够久了，是该勇敢面对这残酷的一刻了。

男子见于凤至从房中出来，也不虚与委蛇地和她客套，他直截了当地拿出了那份离婚协议书，将笔压在文书上，等着于凤至签字。

于凤至心中自然有气，但有了张学良的那句话作护身符，她就又有了底气。于凤至仿佛又回到了四十年前，她因怀孕而重病的那一刻，也是张学良的那句话，让她燃起了生的希望。

她不卑不亢地拿起笔，摘掉笔帽，一手将它套在笔杆上，一手扶着搭在背上的披肩，俯下身，在离婚协议书上签下了"于凤至"三个字。整个动作一气呵成，并没有丝毫的犹豫。

那男子看得有些傻眼，他不相信前几日还因此大发雷霆的于凤至，今日居然会如此爽快地在离婚协议书上签字。他这种趋炎附势、只斤斤计较于眼前利益的人自然无法理解什么是信仰的力量。于凤至的信仰就是张学良，只要丈夫还在世一日，她便愿意为他赴汤蹈火，没有一句怨言。

1964年7月，台北的《联合报》的头条位置刊登了张学良和赵一荻成婚的消息：

"三十载冷暖岁月，当代冰霜爱情——少帅赵四正式结婚，红粉知己，白首缔盟"

得知此消息的于凤至并没有太多的诧异，自她签下离婚协议书的那一刻，就知道会有此结果，只是没想到赵四竟然会如此着急。

当年，这个孤苦无依的小姑娘独自北上，寻找情郎，不顾尊严在她面前下跪，求自己收留她，于凤至一时心软接纳了她，没想到如今真应了当年老人们的那些谶言，自己的丈夫成了他人的新郎。赵四曾答应自己，永远做张学良的秘书，不作任何非分之想，现在她却在巨大的利益诱惑下食言了。人心叵测啊，并不是所有的善意都能换来对方的感恩戴德，况且于凤至也不奢求别人的报答，她只希望每个人都能信守自己的承诺而已。

但是，于凤至也不怪赵四，毕竟不是所有女人都肯为了爱情牺牲自己的青春年华，陪爱人在牢狱中度过20多个年头的。她还听闻赵四在陪伴张学良期间还得了严重的肺病，不得已切除了一片肺叶，至此还不能高声说话。一想到此处，于凤至的仁慈善感之心又占了上风，赵四也不容易啊，汉卿能有这样一个真心爱他的女人，也是他的福分，有赵四在身边照顾他，于凤至也该放心了。

张闾瑛埋怨母亲的离婚决定太草率，于凤至只是淡淡地把张学良在电话中对她说的话告诉了女儿。张闾瑛听后嗔怪母亲每次都被父亲的三言两语牵着团团转，平时如此有主见的一个女人，偏偏到了丈夫面前就这样失去了自己。

于凤至笑着摇了摇头，她是因为有张学良的支撑才富有主见，她还没嫁进张家之前，就知道自己这一辈子都要为这小丈夫操心的。

尽管名义上，自己已经和张学良离婚了，但她始终不承认自己和丈夫脱离了婚姻关系，正像她在晚年的回忆录中所说的那样：

"汉卿是笼中的鸟，他们随时会捏死他，这个办法不成，会换另一个办法。为了给汉卿安全，我给这个独裁者签个字，但我也要向世人说明，我不承认强加给我的，非法的所谓的离婚和结婚。汉卿的话'我们永远是我们'，够了，我们两人不承认它。"

的确，于凤至直到去世，还是把自己当作张夫人看待，她在所有文书证件上的署名仍是"张于凤至"。这份深情，张学良如何承担得起？

不仅如此，晚年家财万贯的于凤至还在洛杉矶最好地段，一掷千金，买下了当地最好的别墅。房产圈的同僚都为此感到疑惑，这块地段虽然繁华，但此地的房产已没多大的升值空间，一向眼光精准的于老太太，为何此次会在这种地方大放手脚？难道她又看出了此地隐藏的财富空间？一些商人举棋不定，都想跟着于凤至下手，大赚一笔。

张闾瑛也备感疑惑,原本这些地方的房子都是虚有其价,用其来赚钱实在是难上加难,如果不是自己住,一般是没有人会下手购买的。母亲现在有了固定的住所,而且她也不是那种追逐热闹的人,那为什么要一反常态在此地购置房产呢?

于凤至指挥着搬家工人,把自己前一段时间购买的中式家具往房中搬去,她笑着向女儿解释,这套房子是给她父亲和赵四准备的,等张学良重获自由后,他们可以一道搬到这里来居住。所有的陈设,都是按照东北少帅府那一套布置的,就算回不了大陆,张学良也会有回家的感觉了。

起初,于凤至以为只要自己签了离婚协议书,张学良与赵四结婚后,蒋介石就会松口,解除对张学良的监禁,但没想到,他只是把他们安置到了台湾北投的一幢别墅内,仍然不允许张学良外出走动。

但因为自己的退让,张学良获得了生存的机会,只要还活着,就有自由的希望,而她的任务就是为丈夫未来的生活做好一切准备。

张闾瑛感到自己的眼泪在缓缓流出,她控制不住自己的感情,一个女人,居然可以为了自己的丈夫伟大到这种地步,这是她这辈子都无法企及的。

只是,遗憾的是,于凤至为张学良所准备的一切,他至死都没有使用过。

用一生，唱一曲凤凰于飞

自从与于凤至离婚后，张学良对自由的向往也就慢慢减弱了，他在台湾的北投和赵一荻过着远离世事的宁静生活。他的眼睛耳朵不好，赵四小姐就推着轮椅，带他到处走走，散散心。做了多年的"笼中鸟"，张学良也逐渐习惯了这被拘禁的生活。

但于凤至却仍不放弃。尽管上一次的传媒大战，让她收到了"一纸休书"，可她仍心心念念地要帮助丈夫获得自由。名义上已经不是张家人的她没了以往的底气，她不能再如上次那样大动干戈。但以往国内的老友仍然视其为少帅夫人，对她恭敬有加。许多侨领，中国学者等都纷纷上门安慰她、帮助她，主动站出来替她向蒋介石发声，严厉谴责他非人道的罪行，并要求他早日释放张学良。

来自东北大学的张捷迁院士，与张学良素不相识，但也为义愤所激，在社会上广泛呼吁，要求台湾当局还张学良以人身自由。并且，他还身体力行，试图让张学良以东北大学前校长的身份，出台访美。

张捷迁联系到了于凤至，希望她能够大力支持他的行动。于凤至闻言喜不自禁，她知道自己这么多年的努力没有白费，社会上有越来越多的人知道了张学良的冤情，并自发地为其奔走。

于凤至当即表示一切美国的事宜都交给她来办，所有款项，所有批文，她都一力承包。让张院士无须顾虑。

张捷迁知道其时于凤至已和张学良离婚，但她还是一如既往、初心不改，这让张捷迁大受感动。

尽管，这又是一场无疾而终的救援，但社会上一浪高过一浪的呼吁，让于凤至看到了与张学良重逢的希望。

1975年4月5日，蒋介石去世，这对于凤至来说不啻为一个天大的好消息。

痛恨张学良的其实只有蒋介石一个人，早在1949年，李宗仁就下令释放张学良，但此事却为蒋介石所阻拦；就连他的妻子宋美龄在这件事上也并不站在丈夫这一边，他们亏欠张学良的太多太多了。

蒋经国上台后，张学良有了较为宽裕的活动空间，原本他只能和蒋氏家族的人会面，每日周围的尽是监视他的特务；如今，他被批准可以会见东北的一些老朋友。尽管只是一小小的优待，也足以慰藉张学良那颗满是风尘的心了。但纵使相逢也只能无语泪流，平生万事，不堪回首！

接下来的5年，是台湾政局较为动荡的一段时期，蒋经国去世后，国民党内部发生了严重的动乱，蒋家人丧失了党政内部的领导权，李登辉趁势上台。台湾政局不再是蒋氏一家独大，张学良与蒋介石当年的恩怨，也随着江山的易姓换主而时过境迁了。

1990年，台湾当局为已年届九十的张学良举办了寿宴。

张学良和身边的人都知道，这不仅仅是一场单纯的寿宴，这更是一种标志，它意味着张学良从今往后就可以告别监禁生涯，再一次拥抱阔别近六十年之久的自由了。

那么多年的生日，张学良都是在粗茶淡饭中度过。而且，他的生日，同样也是父亲张作霖的祭日，每每想到此事，他都会老泪纵横。

国家动乱之时，自己被剪去了双翼，卸去了盔甲，只能在穷乡僻壤中空耗时光，战死沙场的愿望从未能实现；父亲被杀之仇，至今未报，他空活这九十年，今后黄泉之下，又有何颜面与父亲相见呢？

然而重获新生的喜悦还是冲淡了着绵延数十载的愁思。张学良即将要在圆山饭店举行寿宴，该请谁呢？他在请贴上写下了一个又一个的名字，划掉了些，又添上了些。然而有一个名字一直赫然在目，那就是他名义上已经离婚，但他仍将其当发妻看待的于凤至。

只是于凤至已经看不到这张请柬了。

1988年，于凤至似乎已经感觉自己已经大限将至，她在这世上活得实在太久太久了。当她听闻实施了一系列有利于张学良自由的措施，包括即将在1990年举办的那场寿宴，于凤至隐隐约约看到了胜利的曙光。

将死之人的预感总是特别灵验，于凤至似乎开了天眼，她认定丈夫不久之后就能重获自由。她要用自己最后一点微薄的力气,想再为丈夫做点什么。

那年的于凤至已经93岁了。她感到全身的器官都坐上了一辆特快列车,向一个既定的终点疾速驶去。现在的她即使带上老花镜,视野里的一切也都是模模糊糊的;她的味觉也开始失灵,女仆往往要在菜里放上好几勺盐,于凤至才能感觉到一点咸味;她的腿脚越来越不听使唤了,自从去年在家中不小心摔了一跤后,她已经不能长时间站立。遵医嘱,于凤至整日半躺在床上,她摸着自己的腿,软塌塌的,像一碗隔夜的稀粥;她感到自己的双手也在逐渐地不听使唤,一层薄薄的皮包裹着脆生生的骨头,上头没有一点肌肉;于凤至有时看着镜子中的自己,她发现对面的那个人已经白得发光,好像身体里所有的液体都涌到了皮肤表层,只要用手指甲轻轻一点,这腐朽的表皮就会瞬间破裂。

时日无多了啊。

于凤至的脑中时刻回响着这句话。

她将女儿张闾瑛叫到了床前,告诉她自己要出一本口述回忆录。在这本书中,于凤至要澄清张学良一生的冤屈。

张闾瑛含着泪照做了。每日,她都会在母亲精神状态最佳的上午来到家中。于凤至已一种近乎神圣的态度对待此事,每当女儿为其记录之时,她都会从床上下来,端坐在一旁的木椅上。

于凤至从自己的出生讲起,她细细地回忆着,仿佛回到了90年前的吉林省怀德县大泉眼村。自从那一年离开大陆,于凤至就再也没有踏上过家乡的土地。

于凤至因为身体的原因，一天不能花费太多的神思，所以这部回忆录断断续续地写了将近一年。

到那时她才发现，原来回忆比经历更痛苦啊。

在口授的过程中，于凤至极力压抑着自己的情绪，但每每想到蒋介石对张学良的污蔑与折磨，这个90岁高龄的老太太就会像猛虎附身一样，尽管干瘪的喉咙已经不允许她发出年轻人似的怒吼，但是那沉沉的咆哮，总是在她的唇齿边回荡。

张闾瑛不忍见母亲如此激动，她往往会转移话题，让母亲讲点自己小时候的趣事，每到此时，于凤至总能享受一段平和欣乐的时光，但一旦想到那早逝的三个儿子，她又会老泪纵横。张闾瑛不知如何是好，她甚至乞求母亲中止这本回忆录的书写，但每次都被于凤至坚定地回绝。

于凤至一生中受的苦实在是太多了，那轻如羽毛的话语和文字，怎能承担得起如此沉重的一生呢？

1989年2月1日，于凤至终于完成了这本回忆录，她将其取名为《我与汉卿的一生》。在这本书中，她没有描述自己这些年所受的苦难，甚至对丧子之事只字不提，一眼望去，通篇都是对张学良的辩护与关切。

这一年，于凤至的身体急速恶化，她听到体内的细胞一个接着一个破裂的声音，这个残躯，终于架不住死神的威逼利诱，即将西去了。

于凤至知道自己的任务已经完成了。自从18岁嫁到张家，她一直在保护这个弟弟直到生命的最后一刻。

张学良 90 岁寿宴的请柬，漂洋过海来到了美国洛杉矶，但是于凤至已经无缘看到了。她全身插满了氧气管，一下下急促的喘气声粗如牛喘。张闾瑛满含泪水，请求医生让他尽力延长母亲的生命，哪怕一分一秒也好。

务实的美国人怎么会懂得中国人亲身经历死别时的那种心情呢？他残忍地摇摇头，表示不会在一个行将就木的老人身上浪费药物。

张闾瑛拿着那张请柬，扑倒在母亲的床上。父亲要自由了，父亲可以来美国了，妈妈你怎么就不能再等一等呢？

于凤至胸口的起伏越来越大，越来越频繁，她大张的嘴中呼出了死亡的气息。张闾瑛抬头看着已经走到了生命最后一刻的母亲，她摇着头咬着嘴，说不出一句话。

这时于凤至如同回光返照一般，她的脑海中开始不自觉地放映起自己这一生：父亲于文斗抱着自己认字；母亲钱氏在灯下为自己缝喜被；张作霖大笑着夸自己是"女秀才"；在郑家屯第一次见到年少的张学良；大叫着生下第一个孩子；张作霖那血肉模糊的身子；儿子们临终前的呼唤……

她仿佛听见有人在叫她妈妈，有人在叫她凤丫头，还有人在唤她大姐。她好像睁开了眼，周围满是白光，在那耀眼的光线尽头，有隐隐的皮鞋声响起，一人身着军装，向着她缓缓走来，那人身边还跟着两个孩子，仔细一看，他的怀中还抱着一个。

越来越近了，于凤至终于看清，那是自己日思夜想的丈夫和三个早逝的孩子。

他们笑着对自己说,回家了,回咱们东北的家。

张闾瑛看见母亲干涩的眼角淌下了两行清泪,弯弯曲曲,一直留到她微张着的口中。一旁机器上的心率线静止了,仿佛从来没有波动过一样。

1991年,一个苍瘦的老人,拄着拐杖来到美国洛杉矶于凤至的墓前,他伸出那一双筋脉尽凸的双手,缓缓地抚过"张于凤至"四个字,他的嘴唇开始不自觉地颤抖,那对已经接近失明的眼睛汩汩地涌出了泪水。他将拐杖放到一边,颤颤巍巍地跪在墓前,嘴中不住地呢喃着:

"大姐,你去得太匆忙了啊。"

后记

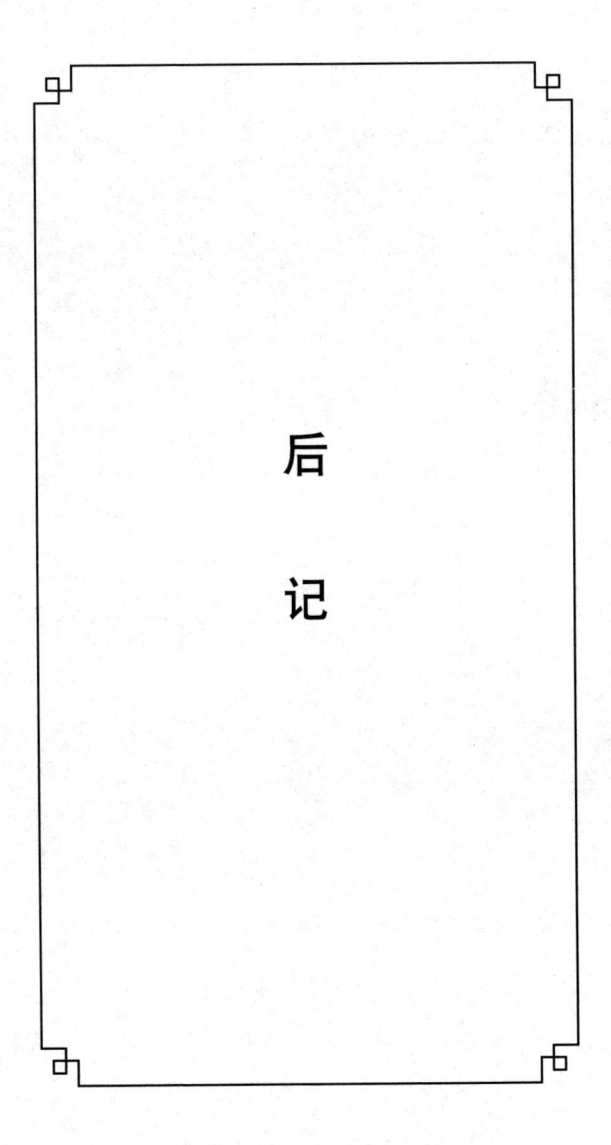

终于完成了这部传记的写作，一想到于凤至传奇又悲苦的一生只能浓缩到这短短的十几万字里，我总是不禁怅然若失。

在写作的过程中，我以于凤至晚年的口述回忆录《我与汉卿的一生》为主要依据，但由于于凤至坚忍的性格，她总是对自己所受的苦难只字不提，并且以张学良为叙述重点，将其奉若神明。每每读之，都让人备感心酸。因此出于私心，笔者让于凤至的一生在一个美好的梦境中结束，并以张学良的懊悔为全文作结。我实在不忍心写出张学良至死都没有与于凤至相会这个残忍的事实。

根据晚年陪伴于凤至的大女儿张闾瑛的回忆，其母的临终遗嘱一是要在墓碑上仍旧刻上"张于凤至"的姓名，二是要在自己的墓旁边留一空穴，可想而知，这是为她一直心心念念的丈夫张学良准备的。

在于凤至去世的十年后，赵四小姐也先张学良而去。代替于凤至与张学良有了夫妻之名的她，也拿出了正室的派头，在自己的坟茔旁为丈夫留了一个位置。其时的张学良已经得了严重的老年痴呆症，他早就丧失了自我思考的能力。

2003年，张学良这个经历了一个世纪风风雨雨的百岁老人也撒手人寰，驾鹤西去了。于凤至最终也没能等到与丈夫团聚的那一天。这究竟是张学良自己的选择，还是外人趁着他神志不清时所为的强制措施，如今已经难以辨知，但我们知道的是，张学良再一次辜负了于凤至。

也许深情本身就是一种悲剧的存在。

于凤至到了后期已经将张学良当作神明看待。然而，正如基督教中的耶稣一样，他给予人信仰，让人知道自己活着的价值所在，但并不与之接触，他只是默默地陪伴着每一个信徒，让他们在卑微处，在苦难处看到自己。

但张学良终究只是一个人，他身上不但没有耶稣那般"以一人之力承担人世之全部罪恶"的伟大，而且还有人类所固有的恶习——懦弱、自私等，不一而足。他已经欠了于凤至一生，再欠她一世又何妨？于凤至对于他的深情，是张学良赔上下辈子也还不了的。

以往阅读时，看见书中的悲剧英雄，总是免不了长叹一声，若是老天有眼，将其生在太平之世的普通人家，他们的一生将会幸福得多吧。但是转念一想，若是人类历史上没了这些璀璨的群星，那浩瀚历史的上空该是多么黯淡无趣。

于凤至尽管只是一介女流，而且在以往赵四和张学良的传奇爱情中，她总是被人为地抹去光环，成为一道素净的底子，衬托他们罗曼史的绚烂。但当我们去除一切障碍时，会发现这个女人在最苦难处盛放着凡人所无法想象的人性的光辉。

在她身上，我们看到了中国传统女人的极致。善良，隐忍，智慧；不仅如此，于凤至身上还有一种"男子气"：坚强，果决，刚毅。也许也正因为她太完美了，张学良才自称承受不起，辜负其一生。

以往的读物多在于凤至苦难处大加渲染，着力于刻画她身上的悲剧性。但是，笔者认为于凤至给予我们的不仅仅是这种拖泥带水的悲苦，更是人性中的一种大爱、一种光辉。